5区 築舘陽介

4区 福田悠一▶5区 築舘陽介

2020
第96回大会
未来へつなぐ

★区間賞
10区 嶋津雄大

9区 石津佳晃

2区 フィリップ・ムルワ▶3区 葛西潤

1区 福田悠一

感謝と歓喜の連続出場

7区 原富慶季▶8区 永井大育

6区 濱野将基

5区 三上雄太

4区 嶋津雄大

2021 第97回大会

10区 小野寺勇樹

★区間賞

9区 石津佳晃

3区 フィリップ・ムルワ
© 創価大学

2区 新家裕太郎
© 創価大学

1区 緒方貴典

2021 出雲駅伝
初の舞台でストライプインパクト！

6区 嶋津雄大
© 創価大学

5区 桑田大輔
© 出雲全日本大学選抜駅伝競走組織委員会

4区 濱野将基
© 創価大学

創価大学駅伝部
獅子奮迅2022

CONTENTS

感動再び！
箱根駅伝
2020
第96回大会

大学駅伝の新たなる潮流

箱根駅伝で大躍進した創価大学駅伝部の原動力は何だったのか。

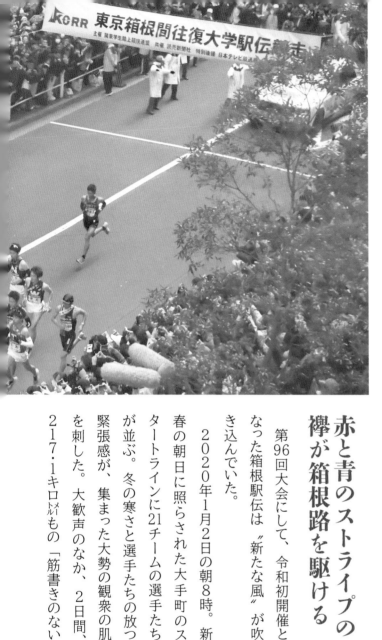

赤と青のストライプの襷が箱根路を駆ける

第96回大会にして、令和初開催となった箱根駅伝は〝新たな風〟が吹き込んでいた。

２０２０年1月2日の朝8時。新春の朝日に照らされた大手町のスタートラインに21チームの選手たちが並ぶ。冬の寒さと選手たちの放つ緊張感が、集まった大勢の観衆の肌を刺した。大歓声のなか、2日間、217・1キロメートルもの「筋書きのないドラマ」が始まった。3年ぶり3回目の出場となる創価大学の1区を任されたのは米満怜（4年）だ。3年前（第93回大会）、期待のルーキーは8区を区間3位と好走している。榎木和貴監督は自信を持って日本人エースを送り出した。

箱根を走る者たちは、それぞれがストーリーを抱えている。米満の場合、東海大学・鬼塚翔太（4年）の存在が気になって仕方なかった。

二人は福岡・大牟田高校時代の元チームメイト。鬼塚は高校時代から

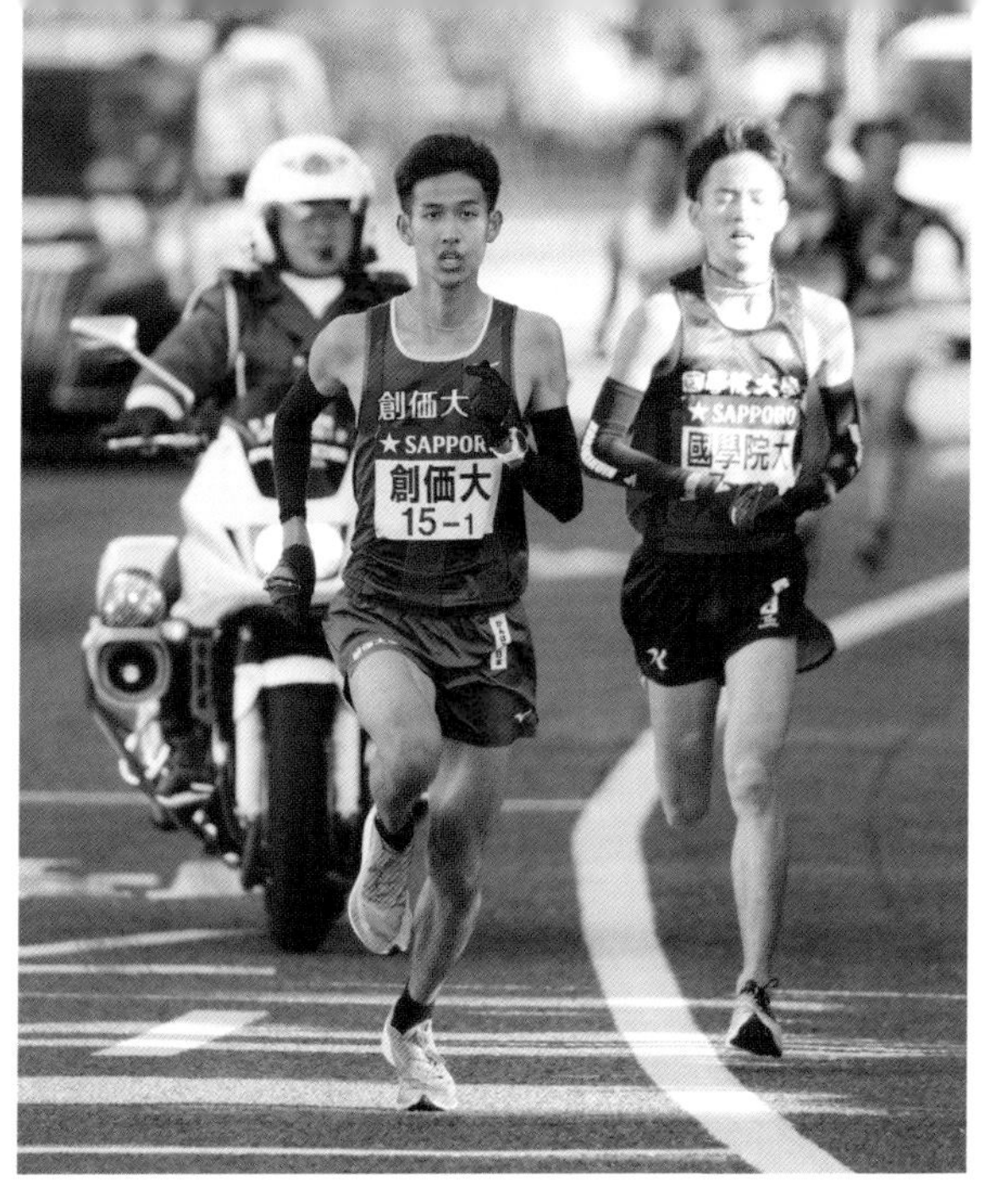

ラスト300mで國學院大学の藤木宏太をかわし、先頭に立つ米満怜

大歓声のなか、スタートした第96回大会。いちばん後ろが創価大学の米満怜

全国トップクラスの選手で、3年次の全国高校駅伝（都大路）ではエース区間の1区で区間4位という成績を残している。一方の米満は5キロ㍍区間の6区で区間24位だった。

鬼塚は東海大学でも1年次から中心選手として活躍。常にスポットライトを浴びてきた。しかし、米満も大学で成長。とくに昨年（19年）の秋以降は充実のパフォーマンスを発揮している。10月の箱根駅伝予選会は個人7位（日本人3位）。11月23日の八王子ロングディスタンス1万㍍では28分30秒59の自己ベストをマークした。この記録は今季の日本人学生としては7番目で、鬼塚を上回る。大学初の直接対決で米満は〝打倒鬼塚〟を誓っていた。

トップ集団は鬼塚が引っ張るかたちで10キロ㍍を28分48秒で通過。集団のなかにいた米満は、「絶対に区間賞を獲ると決めていました。とくに鬼塚には負けられない」と、勝負のときを静かに待っていた。

米満は六郷橋（ろくごうばし）の上りで先頭に立ち、鬼塚と競り合うようにペースを上げる。集団が崩れ始めると、國學院大学・藤木宏太（ふじきこうた）（2年）が18キロ㍍過ぎの六郷橋の下り坂を使って、スパート。一度は引き離された米満だが、「必ず追いつける」と冷静だった。残り1キロ㍍から徐々に詰め寄り、ラスト300㍍で藤木を逆転。ナイキの鮮やかなピンク色の厚底シューズを履いた米満が創価大学初の区間賞をゲットした。

「六郷橋でレースは動きましたが、最後まで落ち着いて自分の走りができたと思います。鬼塚くんはスパート力があるので意識していました。シューズの効果もあると思うんですけど、好タイムが出ましたね」

取材・文／酒井政人（スポーツライター）

区間記録の1時間1分13秒は、2007年に東海大学・佐藤悠基が樹立した区間記録とわずか7秒差で、1994年の早稲田大学・渡辺康幸に並ぶ歴代2位。大迫傑、中村匠吾というビッグネームの記録を超える衝撃的なものだった。

鶴見中継所に勢いよく飛び込んできた米満の顔は自然と笑みがこぼれた。「やったぞ！ 行ってこい！」という弾んだ声とともに赤と青のストライプの襷が真っ先につながれた。

白熱の往路は大健闘の7位

超高速レースとなった1区の〝勢い〟が2区以降のランナーたちを加速させた。花の2区を最初に飛び出したムソニ・ムイル（4年）は3年前も同区間を1時間8分05秒の区間4位と好走している。今回はトップ集団の〝ペースメーカー〟として他校のエースに利用された。

「15キロ㍍からペースを上げるつもりでしたが、最初の10キロ㍍で脚を使い過ぎてしまいました。ただ後悔はありません。力を出し切りました。襷を渡すときは、僕の思いを込めて『ファイト！』と伝えました」

ムイルは6位に順位を落としたが3年前のタイムを7秒上回った。3区の原富慶季（3年）も好記録が続出した区間を11位でカバー。最後は8位の早稲田大学に追いつき、同タイムで襷をつないだ。

「明治大学に抜かれたとき、絶対に離されずについていこうと粘りました。その結果、早稲田大学に迫ることができたと思います。どんなときも応援してくれた母の姿も見えて、グッと気持ちが入りました。自分の力は出しきれたかなと思います」

今季は故障に苦しんだ原富から襷を受けた4区の福田悠一（3年）はすばらしい走りを披露した。早稲田大学と明治大学という伝統校をかわして、7位に浮上。1時間1分55秒の区間記録は目標タイムより1分以

2区のムイルから襷を受け取る原富慶季(右)
4区を駆け抜けた福田悠一(左)

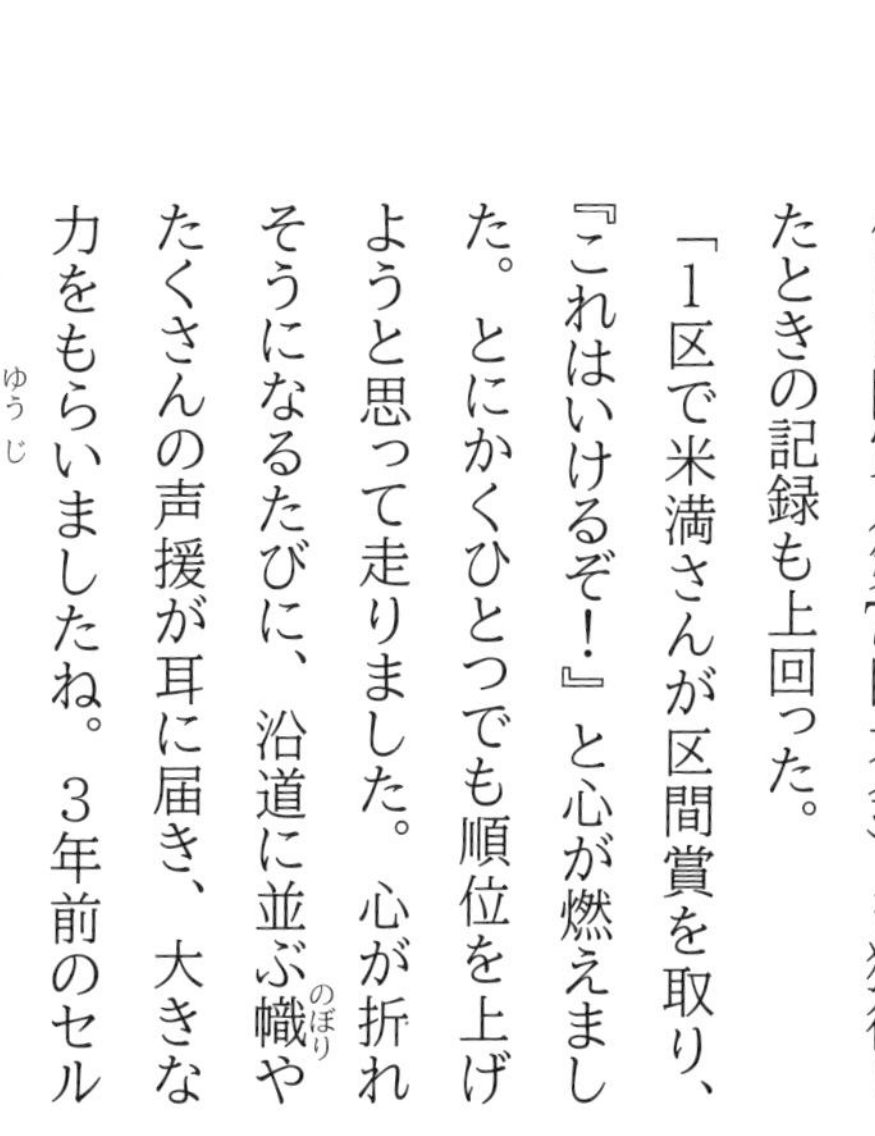

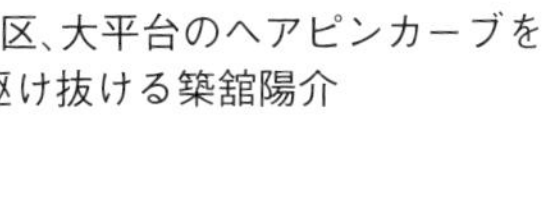

5区、大平台のヘアピンカーブを駆け抜ける築舘陽介

上も早く、榎木監督が中央大学時代に区間賞（第72回大会）を獲得したときの記録も上回った。

「1区で米満さんが区間賞を取り、『これはいけるぞ！』と心が燃えました。とにかくひとつでも順位を上げようと思って走りました。心が折れそうになるたびに、沿道に並ぶ幟やたくさんの声援が耳に届き、大きな力をもらいましたね。3年前のセルナルド祐慈さん（区間5位）を超える区間4位で走ることができましたし、100点満点のレースができたと思います」

5区は名門・佐久長聖高校時代に上りコースの学内記録を持っていたという主将の築舘陽介（4年）。明治大学にかわされるが、駒澤大学を抜き去り、7位で往路のゴールに飛び込んだ。

「最高地点で腹痛が起こり、苦しくなりました。それでも、『失うものはない』と何度も自分に言い聞かせて、力を尽くしました。瀬上総監督、榎木監督が後ろから見守ってくれていたので、のびのびと走ることができました。最低限の役目を果たせたと思います」

主将の力走に芦ノ湖のゴールは沸いた。指揮官たちも笑顔を見せていた。瀬上雄然総監督が「区間賞はどんなに強い選手でも、なかなか取れません。4年間の苦労と努力が詰まった走りでしたし、チームに勢いをつけてくれました」と米満の快走を称えると、榎木監督も「1区の米満が最高の流れを作ってくれて、2区以降の選手も粘りの走りをしてくれました。一時は5位が見えるところまできて、運営管理車で瀬上総監督と一緒にワクワクしながら選手たちの走りを見させてもらいました。総合8位という目標を掲げていましたが、正直言うと少し上の目標だったんです。それが往路を7位で折り返すことができて、選手たちは本当にすごいですよ」と興奮気味に話していた。

天国と地獄を分ける争い

第93回大会（17年）では往路を9位で折り返しながら、総合12位とシード権には届かなかった。しかし、

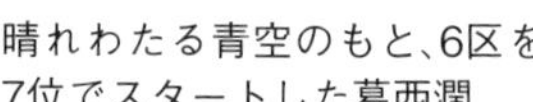
晴れわたる青空のもと、6区を7位でスタートした葛西潤

今回の創価大学は復路でもドラマチックなレースを見せることになる。

創価大学は、トップ青山学院大学の6分18秒後に復路をスタートした。6区は当日変更で入った葛西潤（1年）。当初は鈴木渓太（3年）を予定していたが、榎木監督は数日前に葛西の起用を決断。ルーキーは〝ぶっつけ本番〟で山下りに挑んだ。

「先輩たちから『楽しんで走ってこい』と声をかけていただき、プレッシャーを感じることなく走ることができました。後半は一歩一歩踏み出すたびに痛みが脚に響きましたが、応援のおかげで走り抜くことができました」

周囲のスピードに圧倒されたという葛西は順位を10位に下げたが、足の痛みに耐えて走り切った。7区右田綺羅（3年）も中央学院大学に抜かれて、11位に転落。それでも終盤は粘りの走りを見せた。

「後半はペースが思うように上がらず、苦しみました。でも必死に前を追いました。監督からは『まだ大丈夫だ。シード権が見える範囲で襷を渡そう』という声をかけていただき、踏ん張ることができました」

8区は榎木監督がポイントに置いていた区間。昨年、関東学生連合の選抜選手として3区に出場した鈴木大海（3年）が出走した。37秒先にスタートした中央学院大学の背中を目指して、地元・茅ケ崎で力走した。

「今回はチームメイトに襷を渡せる喜びを感じましたし、支えてくれる仲間たちの気持ちを背負いながら走りました。『がんばれ、大海』という声援が力になりました」

一度は中央学院大学に並ぶも、終盤は引き離される。「ゴメン！」と言って同学年の石津佳晃（3年）に襷をつないだ。それでも鈴木はシード権ラインに7秒差まで詰め寄っていた。

復路のエース区間である9区。「大海が差を詰めてくれたので、気持ちが高まりましたし、左耳がおかしくなるくらい大きな創価大学の応援に胸が熱くなりました」という石津が目標タイムより1分以上も早い記録で快走した（区間6位）。

しかし、中央学院大学・有馬圭哉

9区の石津佳晃（右）から10区の嶋津雄大（左）へと襷をつなぐ

7区の右田綺羅（左）から襷を受け取る8区の鈴木大海（右）

（4年）が区間2位という活躍で逆に引き離されることになった。

「自分で点数をつけるなら50点くらい。もっといい位置で渡したかった……。でも、嶋津は絶対にやってくれると信じていました」

9人の走者がつないできた襷。シード権獲得は最後のランナーとなる10区の嶋津雄大（2年）に託されることになった。

最高のドラマが待っていた

鶴見中継所でシード権獲得ラインとなる中央学院大学との差は55秒。想定してきたなかで〝最も際どい順位〟で走り出した嶋津に対し、「最初は抑えていこう」と榎木監督は声をかけた。

しかし、嶋津は「自分の役目はひとつ。自分とチームを信じて走りました」と序盤からぶっ飛ばした。

中央学院大学を視界にとらえると、一気に詰め寄る。そして、9・5キロ㍍地点で追い抜き、シード権圏内に突入した。鮮やかすぎる逆転劇にだれもが驚かされたことだろう。

左脚がつりそうになり、太腿を叩くシーンもあったが、「心だけは絶対に負けないと決めていました」と嶋津のスピードは止まらない。東洋大学も抜き去ると、最後は胸を突き出すようにして、ゴールへと飛び込んだ。

創価大学は総合9位でシード権を獲得。総合成績は10時間58分17秒で前回出場時（第93回大会）を22分以上も上回った。

嶋津は区間記録を13年ぶりに更新する1時間8分40秒で区間賞を獲得。白のキャップをかぶったヒーローは泣き叫びながら突き進み、最後ま

シード権をもたらす区間新記録でゴールした嶋津雄大

で〝全力疾走〟を貫いた。

嶋津は生まれつき「網膜色素変性症」という目の病気で、暗い場所が見えにくい。冬場は早朝、夕方の練習に大きく影響する。他の選手とは異なり、体育館の中で走り込むこともあるという。そんなハンディキャップを乗り越えての激走だった。

「同じような病気を抱える人に、希望を与える走りを見せることができてよかった。病気や障がいのある人にも勇気ある一歩を踏み出してほしいと思っています。厳しい順位で襷を受け取りましたが、最後まで1秒を削る走りが陸上選手には大切。シード権と区間記録でしたけど、仲間が笑顔で迎えてくれたことが、いちばんうれしかったです」

ゴールでは、創価大学に初のシード権をもたらした英雄を築舘と米満の4年生コンビが迎え、抱きかかえた。3人を中心に歓喜と感動の輪は広がっていった。

運営管理車から選手たちの走りを見つめてきた榎木監督は、「9区終了時で10位とは約1分差でしたからシード権はかなり苦しいと思っていたんです。でも、選手たちはあきらめていなかった。それどころか、最後は7位争いをしていた早稲田大学と駒澤大学の背中も見えていたんです」と話す。シード権獲得だけでなく、さらに〝上のポジション〟が目前だった。

前年（19年）の箱根駅伝は予選会を15位で落選した創価大学。わずか1年ちょっとで16校あまりを〝ごぼう抜き〟したことになる。

「監督に就任してまだ11カ月ですけど、選手たちの成長をすごく感じています。私の指導というよりも、『箱根を走りたい！』という選手たちの意識、気持ちが強かったからこその結果だと思います。今回メンバーに入らなかった選手も自己ベストをどんどん更新していますし、チームの勢いは上がっています。今回で終わることなく、来年以降はもっと上を目指すようなチームになっていくと思います」（榎木監督）

シード権を獲得したことで、20年は10月の出雲駅伝に出場できる（注＊）。榎木監督は「6月の全日本大学駅伝の選考会も必ず突破して、三大駅伝すべてに参戦したい」と新たな目標を口にした。「向上心」と「チームのまとまり」を強みに、彼らの進化は続く。

主将の築舘は、「筋書きのないストーリーだったかもしれませんが、裏づけがしっかりあってのシード権獲得です。創価大学はまだまだ伸びしろがあるチームなので、さらに強くなると思います」と、後輩たちに〝未来〟を託した。

今大会は史上空前の高速レースとなり、10人全員がナイキの厚底シューズを着用した青山学院大学が10時間45分23秒の大会新記録で優勝。7区間で区間新記録が誕生した。東京国際大学が5位と大躍進して、最後は創価大学が劇的な大逆転でシード権を獲得した。

創設100周年という節目となった大会で、伝統ある箱根駅伝が大きく動いた。これは〝新たなる時代〟の幕開けを感じさせるものだった。

注＊新型コロナウイルス感染拡大のため、この年の出雲駅伝は中止となった

2020年箱根駅伝　個人記録

区	区間順位	選手	記録
1区	1位	米満 怜	1時間01分13秒
2区	11位	ムソニ・ムイル	1時間07分58秒
3区	11位	原富 慶季	1時間03分16秒
4区	4位	福田 悠一	1時間01分55秒
5区	12位	築舘 陽介	1時間13分12秒
6区	16位	葛西 潤	1時間00分25秒
7区	18位	右田 綺羅	1時間05分15秒
8区	9位	鈴木 大海	1時間06分39秒
9区	6位	石津 佳晃	1時間09分44秒
10区	1位	嶋津 雄大	1時間08分40秒

2020年箱根駅伝順位

総合順位	大学名	総合記録	往路順位	復路順位
1	青山学院大学	10時間45分23秒	1	2
2	東海大学	10時間48分25秒	4	1
3	國學院大学	10時間54分20秒	2	10
4	帝京大学	10時間54分23秒	6	3
5	東京国際大学	10時間54分27秒	3	6
6	明治大学	10時間54分46秒	5	4
7	早稲田大学	10時間57分43秒	9	5
8	駒澤大学	10時間57分44秒	8	8
9	創価大学	10時間58分17秒	7	9
10	東洋大学	10時間59分11秒	11	7
11	中央学院大学	11時間01分10秒	12	11
12	中央大学	11時間03分39秒	13	12
13	拓殖大学	11時間04分28秒	10	17
14	順天堂大学	11時間06分45秒	14	15
15	法政大学	11時間07分23秒	16	14
16	神奈川大学	11時間07分26秒	17	13
17	日本体育大学	11時間10分32秒	18	18
18	日本大学	11時間10分37秒	15	19
19	国士舘大学	11時間13分33秒	20	16
20	筑波大学	11時間16分13秒	19	20
参考	関東学生連合	11時間12分34秒	参考	参考

令和初の区間賞を後押しした恩師の声援

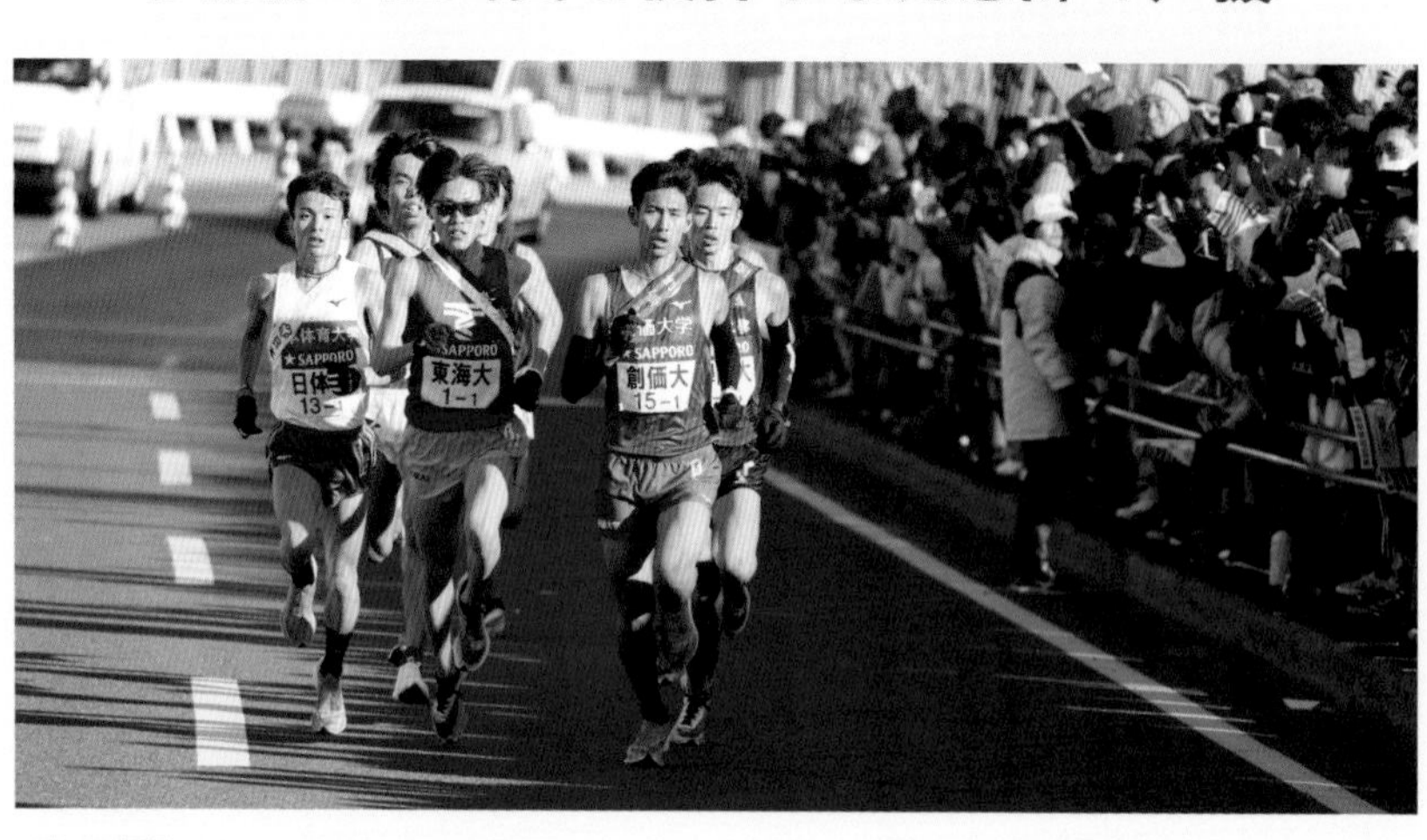

1区、六郷橋の上りで先頭に立つ米満怜。このスパートから一気にレースが動いた

第96回大会の1区で創価大学史上初の区間賞に輝いた米満怜（当時4年）。鶴見中継所に先頭で勢いよく飛び込んできたあの瞬間は、多くの人々の脳裏に、いまもはっきりと焼きついている。

この日、米満が初めて仕掛けたのは、18キロ㍍付近の六郷橋の上りだった。全体的にフラットなコースの1区のなかで、起伏がある六郷橋はスパートがかけられる勝負どころだ。下りで國學院大学の藤木宏太（当時2年）に引き離されるものの、ラストで大逆転を演じて見せた。

レース後、六郷橋の上りで仕掛けたことについて「計算していたのか」と問われた米満は、こう語った。

「六郷橋では、福岡・大牟田高校の赤池健監督が高校のタオルを振って応援していてくれた姿が目に入った。その瞬間、自然に体が反応し、思わず力が入ってしまった」と。

テレビ中継でも、大牟田高校の赤いタオルを掲げた赤池監督の姿を確認することができる。まさに筋書きのないドラマであり、恩師の熱い声援が米満の区間賞を後押ししていたのだ。

1区では、創価大学の米満怜や東海大学の鬼塚翔太（当時4年）をはじめ、大牟田高校出身の選手が4人も走っていた。だからこそ赤池監督は、勝負どころの六郷橋で応援をしていたのだろう。あのとき、恩師の姿を見つけた米満の脳裏には、かつて青春の汗を流した高校時代の記憶が蘇ったのではないか。

多くの声援があればこそ選手たちは、あの過酷な箱根路を駆け抜けることができる。新春の歓喜と感動は、選手はもちろんのこと、選手を支えるすべての人たちによって生み出されるのだ。

ルポ 「コロナ禍」に負けない！

創大駅伝部の挑戦 2020

悲願のシード権を獲得した歓喜のなか、榎木監督を胴上げする駅伝部のメンバーたち（2020年1月3日）

榎木和貴監督 知られざる胴上げの瞬間

2020年1月、創価大学駅伝部は箱根駅伝に3年ぶり3度目の出場を果たし、榎木和貴監督のもと、総合9位でゴールする。1972年9月の陸上競技部創部以来、悲願のシード権（本戦で10位以内）を初めて獲得したのである。

1月3日の午後、東京・大手町に戻ってきたチームのメンバーは、その晩、都内のホテルで喜びの報告会に参加した。終了後、参加者がすべて散会すると、その場に残った駅伝部員たちはようやくほっとした表情を見せていた。

最後に榎木監督から挨拶（あいさつ）があり、「お疲れさまでした！」と解散しようとしたそのとき、「監督！　予選会のときに胴上（どうあ）げしなかったのでいま、やりませんか」との声がフロアに響いた。

実は、19年10月26日、予選会を突破したとき、皆で築舘陽介主将（当時）を胴上げし、続いて榎木監督を胴上げしようとしたのだが、監督は、「いや、まだ箱根駅伝の本戦があるから……」と、固辞していたのである。

大学関係者も、マスコミもいなくなったホテルのフロアで行われた榎木監督の胴上げは、報道されることもなく、だれの目に触れることもなかったが、学生たちの心に鮮明に残る一瞬となった。

「もう一花咲か創価」

2月になり、チームは鈴木渓太主将を中心とした新体制で「もう一花咲か創価」とのスローガンを掲げ、始動した。ところがその直後、彼らを取り巻く環境が激変する。新型コロナウイルス感染症のパンデミック（世界的大流行）が勃発し、世界を大混乱に陥れたのである。

4月7日から5月25日にかけて、1回目の緊急事態宣言が発令された。創価大学でも入学式が中止され、春学期はオンライン中心の授業に切り替わった（一部の科目は対面）。駅伝部も練習の縮小・自粛を余儀なくされた。

「目標としていた大会が次々と中止になり、どうしたら選手たちのモチベーションを保てるかを考え抜きました。緊急事態宣言の期間中、半分の選手は親元に戻り、残り半分の選手は寮生活を続けていました。いかなる状況であろうが、練習をしっかり積み上げていかなければ力はつきません。だれも見ていないからといって妥協した選手と、しっかり練習を続けた選手の差は歴然と現れます。どこにいようが、自分が置かれた環境で100パーセントメニュー通りの練習をこなしてもらいました」（榎木監督）

主力となる4年生の大半は親元に帰り、就活と自主トレに励んでいた。

「秋以降の記録会にしっかりコンディションを合わせようと先を見据えていたので、実家に帰って練習環境が急に変わっても、マイナスにはとらえていませんでした」（福田悠一＝当

池田記念グラウンドでトレーニングに励む選手たち

コロナ禍のなか、選手一人ひとりを結びつける重要な役割を果たしたガーミンウォッチ

時4年）

「僕は2カ月間、実家で練習していたんですけど、大学に戻ったとき、体重がすごく落ちていて驚きました。寮では朝晩きちんと栄養管理をしてもらっていたけど、家にいるときの自分はあまり食事に気を配っていたとは言えないので……。どれだけ恵まれた環境で練習できているのか、あのとき初めて気づきました」（石津佳晃＝当時4年）

一方、1年生の多くは寮に残り、地道に練習に励むことからスタートした。

「初めての寮生活で緊張していたんですけど、多くの先輩は帰省していたこともあり、1年生同士でいろんな話ができて結束が深まりました。寮の雰囲気や大学生活に慣れることを目標にして、みんなで励まし合いました」（山森龍暁＝当時1年）

コロナ禍の忍耐が精神力を強くした

物理的距離が離れるなか、駅伝部では2週間に一度、Zoomによるオンライン会議を開き、執行部や学年主任を中心に横のつながりを築いていった。また、トレーナー主導のもと、全員でオンライントレーニングを行い、補強にも励んだ。

さらに、チーム全体の一体感を共有していったのが、ランナー用に開発されたガーミン（Garmin）という腕時計だった。

ガーミンには、選手の位置情報をリアルタイムで測定できるGPS（全地球測位システム）が搭載されている。走行距離や走行ペース、心拍数まで計測でき、全選手のデータがスマートフォンのアプリにどんどん蓄積されていく。

「一人で練習を続けることに不安もありましたが、ガーミンでみんなと練習内容を共有できたことが励みになりました。また、その日に出された練習メニューの内容について『これは何のためにやるのか』と考えたり、理解する習慣がついたことが自信につながりました」（三上雄太＝当時3年）

「データを見た監督が上から管理す

るやり方では、選手は強くなりません。『監督からやらされる練習』ではなく、『選手自らが自発的に体を動かす練習』が重要です。『12キロ㍍を3分20秒で走ってみよう』『心拍数は×××まで上げてみよう』と数字を〝見える化〟し、帰省したメンバーもモチベーションを下げることなくしっかり自己管理できました」（榎木監督）

　緊急事態宣言が解除されると、帰省していた学生が再び寮生活に復帰した。しかし、感染防止の観点から通常の2人部屋ではなく、国際学生寮と分かれて1人1部屋の生活。食事も分散し、黙食となった。

「夏合宿が始まる7月末までこうした生活が続きました。不便さはありましたが『やれる環境で練習をやらせてもらえていることがありがたい』と、学生からの不満は一切出ませんでした。逆境の中で精神的な強さが自然と身についたように思います」（榎木監督）

ナベさんの勉強会

　寮にいつもの活気がみなぎってきた最中、7月27日に初出場を目指していた出雲駅伝（20年10月11日）の中止が発表された。学生たちの落胆は言うまでもない。このとき、榎木監督は初めて、「夏の月間走行距離900キロ㍍」（前年は800キロ㍍）という高い目標を掲げた。鍛えの夏。合宿に参加したメンバーは苦境を挽回しようと厳しい練習メニューに必死に食らいつき、充実の手応えをつかんだ。

　ところが、コロナ禍で中止となった出雲駅伝の代わりに行われたシード校によるトラック対抗戦（出場校は明治・駒澤・國學院・創価・帝京）である「多摩川5大学対校長距離競技会」（10月4日）での総合タイムは4位。「トラックゲームズ in TOKOROZAWA」（10月11日）でも早稲田・明治・東洋に完敗し、総合タイムは最下位の4位だった。

「あれだけいい合宿をして練習をこなしてきたのに、大丈夫なのか？」「箱根3位は無理なのでは？」という雰囲気も出始め、チーム内に不協和音が生じた。

　実はこのころ、練習量が目標に達

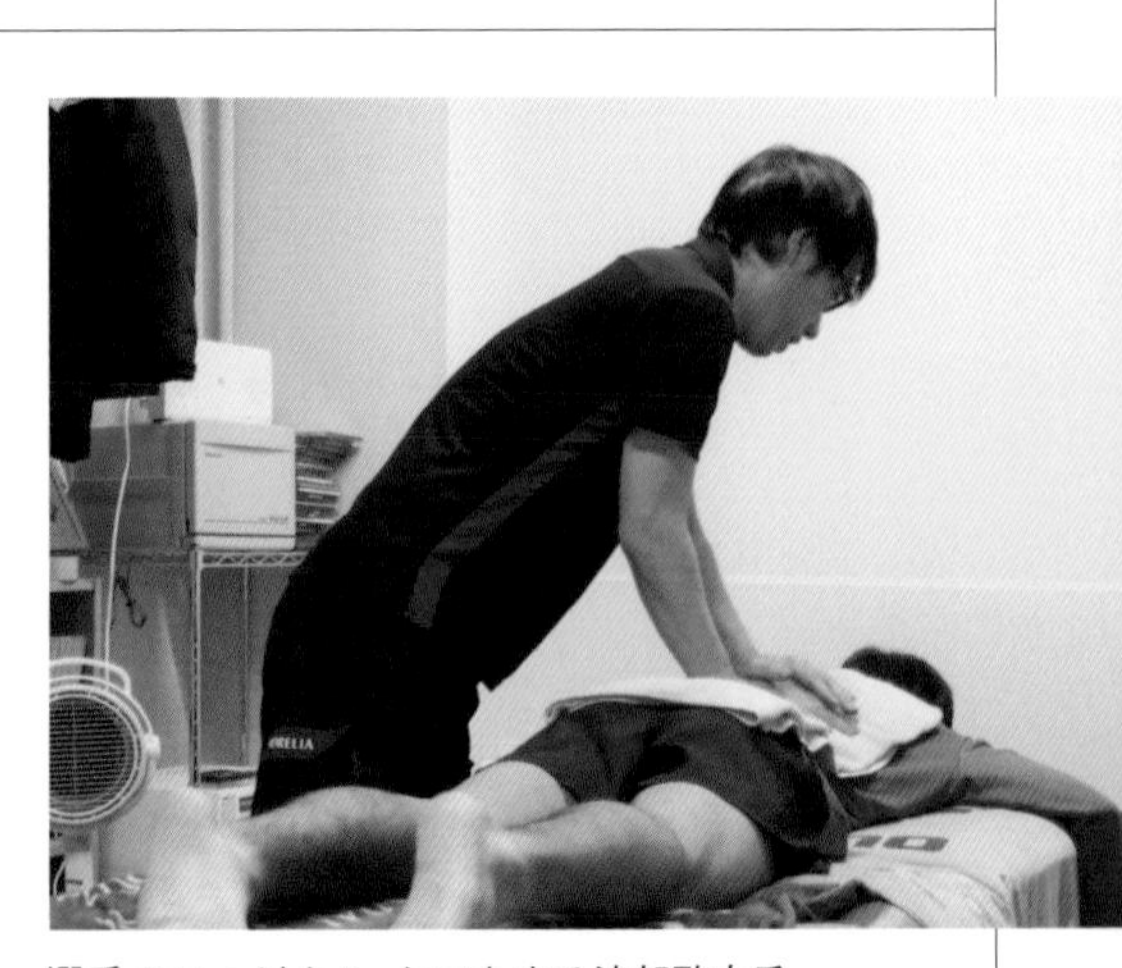

選手のフィジカル・ケアをする渡部啓太氏

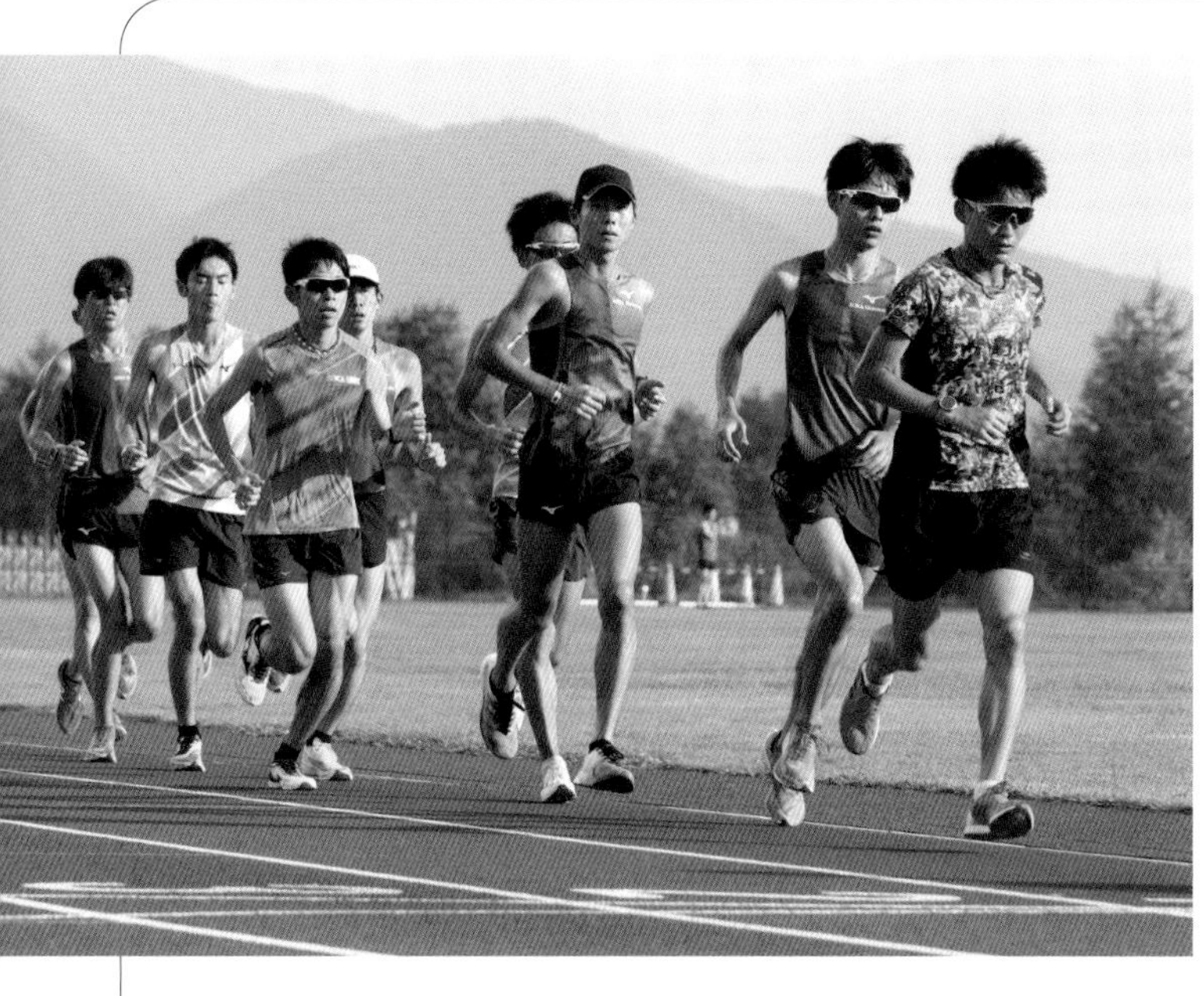
合宿中は月間走行距離900kmを目標に走り込みが続いた

していない選手がいた。さらに、ケガや故障をする選手も続出。強豪校に比べると、練習量もメンタル面での覚悟もまだまだ足りなかった。チーム全体の気の緩みが、結果に直結していたのだ。

当時、フィジカル・コンディショニングコーチを務めていた渡部啓太氏は、こう振り返る。

「新年度の体制がスタートしたとき、創大駅伝部は『箱根駅伝総合3位』という目標を掲げました。強豪校がしのぎを削る大舞台で3位を勝ち取るためには、選手一人ひとりに覚悟が必要です。『3位になれたらいいな』ではなく、『絶対3位になるんだ』という強い覚悟を持たせることが急務でした。そこで、選手の本音とチームの方向性を確認していきました」

渡部氏は当時、月1回開催していた「ナベさんの勉強会」で選手にサッカーワールドカップ・ブラジル大会（14年6月）の映像を見せた。予選リーグの第1試合で、日本はコートジボワールと対戦。前半16分という早い段階で、本田圭佑選手が1点を先制した。ところが後半64分、さらにその直後の66分にコートジボワールが2点を連取し、日本は逆転負けを喫する。

「本田選手が1点を決めたあと、相手に得点を許さないため守りに入るのか。それとも、もう1点を重ねて取りに行くためにガムシャラに攻めるのか。この試合中にチームで意思統一ができていなかった場面を見せて、いまの自分たちも同じような状況だと説明しました」

箱根駅伝総合3位の目標を変えず、もう一度挑戦を開始するのか。それともシード権獲得（10位以内）に目標を下方修正するのか。「チームとして意思統一をしよう」と呼びかけたところ、選手たちから「目標は下方修正しません」「総合3位を目指してもう一回がんばります！」という強い声が飛び出した。

こうして不安定だったチームはバランスを立て直し、箱根に向けて軌道を修正したのである。

出場を逃した全日本大学駅伝の当日（20年11月1日）、創大駅伝部は静岡・島田でハーフマラソンのトライアルを実施する。気温25度のもと、

月間走行距離を5段階に分類

分類	評価
750km以上	Very good
600～749km	Good
450～599km	あと一歩がんばろう
300～449km	もう少し頑張るぞ
300km以下	現状打破

選手一人ひとりの月間走行距離を集計してチーム全体の状況を可視化する（2020年9月時点）

	7月	8月	9月	10月	11月	12月
値	30%, 44%, 14%, 5%, 7%	88%, 7%, 5%, 0%	20%, 47%, 13%, 9%, 11%	0%	0%	0%

多くの選手が自己新記録を更新し、チーム全体の士気がグッと上がった。

11月21日には、標高差981㍍の登り坂を駆け上がる「激坂最速王決定戦2020@ターンパイク箱根」（13・5キロ㍍）が開かれた。このレースで、三上雄太が優勝。このコースは、箱根駅伝5区の標高差（840㍍）によく似ている。「仮想・箱根駅伝5区」で優勝した事実は、チーム全体に「自分たちもイケる」という強い自信をもたらした。

箱根駅伝2日前の最終ミーティング

20年12月30日。箱根駅伝直前の選手たちは、寮で最終ミーティングを行っていた。この日、渡部氏が用意したのは、「もうひとつの箱根駅伝」（日本テレビ）という第96回大会のダイジェスト映像だった。

渡部氏は、区間賞という見せ場をつくった米満怜の快走と、嶋津雄大の最後まであきらめなかった力走に着目し、シード権獲得は〝偶然ではなく必然の結果〟だったと強調。この映像を見た選手たちの士気は自ずと高まった。

こうして全員の心が一つになって、年明けを迎えた。勝負の瞬間は着々と近づいていた。

3度目の箱根駅伝出場を記念して創価大学構内に掲げられた横断幕

試合前のエネルギーチャージ

▶箱根駅伝出走までの栄養補給のポイント

試合1週間前（12/26～） - - - - - 試合3日前（12/30～） ――

試合1週間前（12/26～）	試合3日前（12/30～）
脂質控えめの食事	高糖質食

箱根駅伝が近づくと、選手たちは高糖質食に切り替えるなどの準備を開始する。脂質を控えめにし、糖質を摂ることでエネルギーを蓄え、最後まで走り切れるようにコンディションを整えるのだ。

とくに前日は、ホテルに移動して近くの店で外食したり、コンビニで買って食べたりするため、次のような点に注意する。

▼揚げ物は食べない
▼中華料理など脂質が多いものを避ける
▼コンビニなどで買うときには食べ慣れたものを選ぶ
▼生ものや香辛料が多く使われているものはNG
▼しっかり水分補給する（炭酸飲料は満腹感でごはんが食べられなくなるので注意！）

また、当日は走る区間によって出走時間が異なるので、それぞれが逆算をして食事のタイミングを図るなどの自己管理が大切になる。

▶箱根駅伝当日のエネルギー補給のポイント

朝食（3～4時間前）	アップの1～2時間前	30～60分前
消化のよい「高糖質食」を準備しよう！	朝食だけで足りなかったら糖質中心の軽食をプラス！	直前にエネルギーを入れる場合は吸収の速いものを！
米、うどん、餅、パスタなど ※玄米は消化が悪いので避ける。油っぽい具材のおにぎりも避けるのがベター。おかずの食べ過ぎに注意。	カステラ、あんぱん、どら焼き、バナナなど	ゼリー飲料、スポーツドリンク、果汁100％ジュース、飴など

感動再び！
箱根駅伝
2021
第97回大会

箱根駅伝 往路優勝 総合2位への軌跡

新春の箱根路を沸かせたサプライズ。初シードで総合2位に輝いたチームの快進撃に迫る。

「タイムが走るのではなく、人が走るんだ」

２０２０年、箱根路に吹いた〝新たな風〟はさらに強くなっていた。21年の正月。創価大学の快進撃に多くの大学が驚嘆した。

今大会は連覇を目指す青山学院大学、全日本大学駅伝優勝の駒澤大学、前回大会と全日本で2位に入った東海大学が「三強」と呼ばれていた。そのなかで前回9位の創価大学は〝三強崩し〟となる「総合3位」を目標に掲げていた。

今季の創価大学は新型コロナウイルスの影響もあり、表舞台の活躍がなかった。通過が有力視されていた6月の全日本大学駅伝選考会は落選。初出場になるはずだった出雲駅伝はコロナ禍で中止となった。それでもチームは確実に力を蓄えてきた。

出雲駅伝の代わりに行われたシード校によるトラック対抗戦で、駒澤大学や東洋大学、明治大学に完敗するも、榎木和貴監督は「タイムが走るのではなく、人が走るんだ」と選

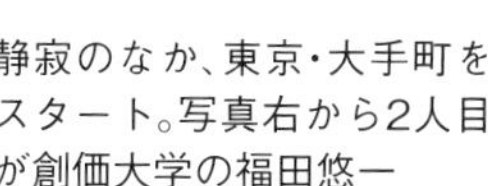

静寂のなか、東京・大手町をスタート。写真右から2人目が創価大学の福田悠一

手を鼓舞した。

日本人は数字の〝トリック〟に翻弄されやすい。自分よりも好タイムを持つ選手に対して恐怖心を抱いてしまう選手は少なくないが、榎木監督には独自の哲学があった。

「1万㍍27分台の選手だから勝てないのではなく、その場にいる選手が走るわけだから、自分の走りに徹すれば27分台の選手にも勝てるチャンスがある、ということを言い続けてきました」

11月に学内でハーフマラソンのトライアルを行うと、気温が高いなかで12〜13人が1時間3分台で走破した。その後、20年11月21日の八王子ロングディスタンス1万㍍で福田悠一（4年）がチーム日本人最高となる28分19秒26をマーク。同日の「激坂最速王決定戦2020@ターンパイク箱根」の上りの部では三上雄太（3年）が各校の有力選手たちを抑えて優勝した。

「総合3位」という目標に向けて、榎木監督は、「絶対に往路を3位以内で走らないといけない」と考えていた。早い段階から往路5人の区間イメージを作り、勝負に出る。1万㍍27分50秒43のフィリップ・ムルワ（2年）が2区で首位争いができるように、1区には日本人エースの福田を起用。3区の葛西潤（2年）と4区の嶋津雄大（3年）が踏ん張ることができれば、5区の三上で3位以内に入れるという計算だった。

「メディアからすれば創価大学はノーマークだったと思います。ただ、この数年でチームは着実に変わってきました。夏合宿や秋の試合でも前年以上の成長が見られましたし、チーム目標に向かって選手たちがひたむきに努力してくれました。いまの戦力なら目標を達成できると感じていましたし、私が自信をなくすと選手にも影響しますから、『絶対にいける』という声かけをしてきました」

エントリー上位10人の1万㍍平均タイムは13番目（29分05秒37）。しかし、チームは1万㍍のタイムではなく別の〝指標〟があった。12月に30秒の時差スタートで15キロ㍍の単独走を実施すると、前回1区で区間歴代2位タイの快走で区間賞を獲得した先輩・米満怜（現・コニカミノルタ）のタイムを8人が上回った。「米満が8人もいるチーム」（榎木監督）は自信を持ってスタートラインに向かう。そして出場4回目という今大会でいちばんの新参者だった創価大学の独走劇が幕を開けた。

三強が苦戦するなかで「榎木采配」が的中

三強の壁は厚く見えたが、駒澤大学は序盤で流れに乗ることができず、青山学院大学は3区で起用予定だった主将・神林勇太（4年）が欠場。東海大学は4区がブレーキになった。

一方、創価大学は榎木監督の采配がズバリ的中する。

1区は異例のスローペースになり、エースをつぎ込んだ大学はウズウズしていた。しびれを切らした東海大学・塩澤稀夕（4年）が前に出て、ようやくレースが動き出す。途中のアタックがないままラスト勝負となり、福田がトップの法政大学と15秒差の区間3位で赤と青のストライプの襷をつないだ。

「途中、何回も先頭に出ようかと思ったんですけど、余計な力を使いたくないので我慢しました。トップと20秒差、5位以内で渡すことを目標にしていたので、それを達成できてホッとしています。内心、区間賞を狙っていたので、今回の走りは90点ですね。区間賞なら満点でした」

2区で東京国際大学のヴィンセントを追走するムルワ

2区のムルワは2位集団でレースを進めた。後ろから東京国際大学のイエゴン・ヴィンセント（2年）が上がってくると、その背後についた。トップの東海大学をかわしたものの、後半は区間記録を塗り替えたヴィンセントにつくことができない。それでも59秒差の2位で中継した。

3区の葛西は東海大学の石原翔太郎（1年）にかわされたが、16・3キロ㍍で東京国際大を抜き去り、

4区で東海大学の佐伯陽生を抜き去り、先頭に立つ嶋津雄大

2位で襷を渡す。1時間2分41秒の区間3位と好走した。

「石原くんに抜かれましたが、自分のリズムを崩すことなく、順位変動もなかった。最低限の仕事ができたんじゃないかなと思います。調子はよくも悪くもなく普通くらい。そのなかで区間タイムは満足しています」

4区の嶋津は34秒先に走り出した東海大学の佐伯陽生（1年）に近づいていく。5・6キロメートルで首位を奪うと、6・8キロメートルからは引き離した。その後も快調にレースを進め、1時間2分49秒の区間2位（日本人トップ）で走破。後続に1分42秒もの大差をつけた。前回10区を任されてヒーローになった男は、今回も圧倒的な存在感を発揮した。

「自分で設定した目標タイムで走ることを意識していたんですけど、1位の背中が見えていたので、気持ちを上げて追いかけることができました。トップで襷を渡すことができたのが最高にうれしいです」

レース直後のインタビューで声を弾ませた。

創価大学初となる往路優勝のゴールテープをきる三上雄太

創価大の往路優勝に箱根路が揺れた

嶋津の快走でトップに立った創価大学は、5区の三上も果敢に立ち向かった。幾人もの強者たちを飲み込んだ魔の山をひたひたと上っていく。速くは見えなかったが、後続のクライマーたちは近づくことができなかった。

「嶋津がリードを広げてくれたので、自分の走りをすれば往路優勝はできると思っていました。上りの終盤はきつくて、脚が動かなくなり、最後はもつか不安になりました。いまは走り切ったこと、出し切ったことの安心感しかありません」

終盤はもがいた三上だが、1時間12分05秒で区間2位と完勝。小田原中継所で1分42秒あったリードは2分14秒まで広がっていた。例年とは異なる静かなゴールだったが、創価大学の〝往路優勝〟に箱根路は大きく揺れていた。

「当初は山で勝負したいと思ってい

たんです。予定通りに1区の福田と2区のムルワが流れを作ってくれました。3区と4区はしのぐ区間だと思っていたんですけど、この2区間で逆に押し上げてくれたことが大きかったですね。予想外の流れでしたが、5区の三上にいいかたちでつなぐことができたのが往路優勝の要因だと思います。予想しなかった往路優勝ですので、明日は先頭を走る喜びを楽しみながら、残り5区間の選手が走ってくれればいいと思っています」

　レース後のインタビューで榎木監督からは「予想外」という言葉が何度も飛び出した。往路優勝は予想外だったが、往路を3位以内で折り返すのはイメージ通り。そういう意味では決して〝サプライズ優勝〟ではなかった。そして復路に向けても、大きく欲張ることはしなかった。

「自分たちがどう100㌫の力を出し切るかに集中させていますので、あまり他校のことは考えていません」

感謝と歓喜の継走でミスなく襷をつなぐ

　翌日の復路も榎木監督の狙い通りの展開でレースが進んだ。

　6区の濱野将基（2年）は「1位でスタートするとは正直思っていませんでした。3～4位だったら緊張したと思うんですけど、笑ってしまうくらい吹っ切れていたので、自分のペースで走ればいいと考えました」と自分の走りだけに集中。58分49秒の区間7位と好走した。神奈川県出身の濱野は、長野・佐久長聖高校3年時に5000㍍で14分06秒76という全国トップクラスのタイムを残すが、全国高校駅伝（都大路）は故障の影響で出場できなかった。

「神奈川から長野へ陸上留学みたいなかたちで行かせてもらったのに、都大路には出場できませんでした。その悔しさを大学で晴らすんだという気持ちでした。箱根駅伝を先頭で走って、目標タイムより50秒くらいよかった。自分としては合格点をあげたいです。少しは親に恩返しできたかなと思います」

往路優勝を飾り、芦ノ湖畔に集まった榎木監督らスタッフと創大駅伝部員

勢いよく復路へと駆け出した6区の濱野将基

6区で2位に浮上した駒澤大学には1分13秒詰められたが、7区の原富慶季（4年）が押し戻す。

「復路は7区と9区がポイントといわれていたので、自分のところで引き離そうと思って走りました。前回はシード圏内を守らないといけないという使命で苦しかったんですけど、今回は監督から『楽しく走ってこい』と言われていたので、終始笑顔で走ることができて、自分の役割も果たせたかなと思います」

前回は3区で順位を3つ落とした原富だが、今回は区間2位と快走。駒澤大学との差を1分51秒に拡大した。

8区の永井大育（3年）は嶋津と同じ目の病気「網膜色素変性症」を抱えている。しかし、嶋津の活躍を見て、「病気を言い訳にはできない」と奮起した。

7区を区間2位で飾った原富慶季

8区で桜木啓仁（右）から給水を受け取る永井大育（左）

「自分は駒澤大学との差をいかに守るかを考えていました。先頭を走る機会はなかなかないので、楽しみながら走ることができました」

前回は11番目の選手として走ることができなかった永井が、最後はサングラスをあげて笑顔で襷をつないだ。区間8位でカバーし、駒澤大学に22秒詰められるだけで粘った。

9区の石津佳晃（4年）は1分29秒のリードを受けて走り出す。後ろを気にすることなく、「前半突っ込んで走らないとタイムは出ない」と区間新ペースで突き進んだ。石津は前回の9区で中央学院大学に引き離された悔しさを〝ラストラン〟にぶつけた。区間記録に13秒届かなかったが、区間歴代4位の1時間8分14秒で区間賞を獲得した。

「1時間8分50秒をターゲットにしていたので、タイム的には満足しています。今回は長い距離の後半で粘るなど、タイムには表れない勝負強さを身につけようと練習してきました。その成果を出せたのかなと思います」と、復路のエースは自身の走りに胸を張った。2位・駒澤大学とのリードは3分19秒差に拡大。多くの関係者が創価大学の初優勝を確信していた。しかし、この後、まさかの展開が待ち受けていた。

10区で首位陥落も 誇れる〝総合2位〟

残るは最終10区、距離にして23・0キロ㍍。榎木監督は、「2分あれば逃げ切れる」と考えていた。3分19秒はセーフティリードといえるものだった。しかし、アンカーの小野寺勇樹（3年）には大きなプレッシャーがのしかかっていた。

2位・駒澤大学との差は蒲田（5・9キロ㍍地点）で2分45秒、新八ツ山橋（13・3キロ㍍地点）で1分57秒に縮まった。新八ツ山橋を駒澤大学の石川拓慎（3年）が区間トップで駆け抜けていったのに対して、小野寺は区間15番目とペースは上がっていなかった。

「小野寺は最初からペースがそんなに速くなかったんですけど、13キロ㍍ぐらいから鈍ってきた感じがあったんです。あと10キロ㍍近くありましたが、まだ2分近い差があったの

9区・区間賞の石津佳晃（右）から襷を受け取る10区の小野寺勇樹（左）

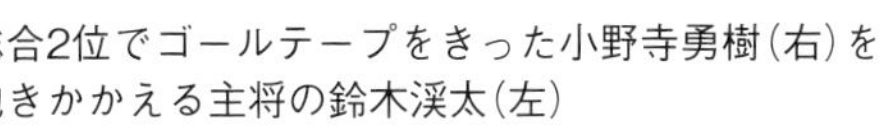
総合2位でゴールテープをきった小野寺勇樹（右）を抱きかかえる主将の鈴木渓太（左）

で、なんとかできると思っていました」

　こうした榎木監督の予想に反して、最後は厳しい戦いになった。田町（16・5キロ㍍地点）で1分17秒、御成門（18・1キロ㍍地点）で47秒、馬場先門（20・1キロ㍍地点）で15秒。20・8キロ㍍で藤色の襷に追いつかれると、小野寺には対抗できる力が残っていなかった。

「初出場の緊張、優勝のプレッシャーなどがあったのだと思います。体調的に問題はなかったんですけど、予想以上に体力を消耗していましたね。〝優勝の醍醐味〟を知っているチームのプライドや経験の差、気持ちの差が出たのだと思います」と榎木監督。

　10区は向かい風になり、直射日光も強かった。この状況で学生駅伝未経験のアンカーが自身の力を100％発揮するのは難しかったと言えるだろう。

　総合成績は10時間56分56秒。13年ぶりの総合優勝に輝いた駒澤大学から52秒遅れで創価大学がフィニッシュ。小野寺は区間最下位に沈み、ゴール後は担架で搬送された。悔しい幕切れになったが、駅伝部の合宿所でゴールを見届けた部員たちからは温かい拍手が沸き起こった。

「卑屈にならず、堂々と前を向いて進んでほしい。将来、〝あんなに悔しい経験をしたからこそ、いまの自分があるんだ〟と言えるように、今後の競技に生かしていこう」と、榎木監督は決して選手を責めることはしなかった。

　これまでの箱根駅伝史上、最終10区での首位交代は過去8回。最後に〝逆転負け〟をしたのは駒澤大学（2001年）だった。しかし、その後は箱根駅伝で四連覇（02〜05年）を達成するなど学生三大駅伝で最多優勝を誇る超名門になった。

　創価大学はムルワ、葛西、嶋津、三上、濱野、永井、そしてアンカー・小野寺の7人が残る。優勝争いを演じた経験と自信、逆転負けの悔しさがチームをさらに強くするだろう。かつての駒澤大学のように――。

　榎木監督は、冷静に振り返る。

「選手たちには『優勝』という言葉

を出さずに、『自分たちの力を100パーセント出そう』としか言っていません。今回は3位以内が目標でした。優勝は逃しましたが、目標はクリアしました。力通り（ちからどお）りに走ってくれたと思います。来季も優勝を意識させるのではなく、まずは出雲や全日本で確実に3位以内に入ることを狙っていきたい。それが実現できれば、選手たちも箱根の優勝を意識するようになると思います。今回の目標は自分が言い出したことでしたが、次は学生たちの口から『優勝』という目標が出てくるようになってほしいですね」

100年を超える箱根駅伝の歴史に〝鮮（あざ）やかな記憶〟として刻まれる創価大学の快挙。次はどんなドラマに昇華（しょうか）するのだろうか。

2021年箱根駅伝　個人記録

区間	順位	選手	記録
1区	3位	福田 悠一	1時間 03分15秒
2区	6位	フィリップ・ムルワ	1時間 07分18秒
3区	3位	葛西 潤	1時間 02分41秒
4区	2位	嶋津 雄大	1時間 02分49秒
5区	2位	三上 雄太	1時間 12分05秒
6区	7位	濱野 将基	0時間 58分49秒
7区	2位	原富 慶季	1時間 03分12秒
8区	8位	永井 大育	1時間 05分10秒
9区	1位	石津 佳晃	1時間 08分14秒
10区	20位	小野寺 勇樹	1時間 13分23秒

2021年箱根駅伝順位

総合順位	大学名	総合記録	往路順位	復路順位
1	駒澤大学	10時間56分04秒	3	2
2	創価大学	10時間56分56秒	1	5
3	東洋大学	11時間00分56秒	2	9
4	青山学院大学	11時間01分16秒	12	1
5	東海大学	11時間02分44秒	5	10
6	早稲田大学	11時間03分59秒	11	4
7	順天堂大学	11時間04分03秒	7	8
8	帝京大学	11時間04分08秒	4	11
9	國學院大学	11時間04分22秒	9	6
10	東京国際大学	11時間05分49秒	6	12
11	明治大学	11時間06分15秒	14	7
12	中央大学	11時間07分56秒	19	3
13	神奈川大学	11時間08分55秒	8	14
14	日本体育大学	11時間10分24秒	15	13
15	拓殖大学	11時間10分47秒	10	16
16	城西大学	11時間11分20秒	13	15
17	法政大学	11時間13分30秒	16	17
18	国士舘大学	11時間14分07秒	17	18
19	山梨学院大学	11時間17分36秒	18	20
20	専修大学	11時間28分26秒	20	19
参考	関東学生連合	11時間18分10秒	参考	参考

箱根町から贈呈された寄木細工の往路優勝トロフィー

月刊「潮」2020年3月号に掲載した記事に加筆・修正・再構成しました（学年はすべて当時のもの）

襷リレーに授けられた秘策

通常、襷リレーで襷を受け取る選手は右を向いて右手を出すことが多い。意識していないと、だいたい右利きの人は右を向き、右手で襷を受け取るからだ。しかし、第97回大会を見ると、創価大学の襷リレーは2区（フィリップ・ムルワ）を除き、全員左を向き、左手で襷を受け取っている。

ここに榎木和貴監督の経験値がある。榎木監督は現役時代に、4区と8区を走り、区間賞を獲得している。ちょうど往路の小田原中継所（4区→5区）と復路の戸塚中継所（8区→9区）は、どちらの区間もコースから左に入ってすぐに襷リレーをする構造になっている。そのため右手で襷を受け取ろうとすると選手同士が交差し、ぶつかってしまう危険性があるのだ。しかし、左手で襷を受け取ることによって選手同士がぶつかるリスクを軽減し、スムーズに襷リレーができる。これは4区→5区、8区→9区の受け渡し時が顕著だ。

榎木監督は、第96回大会の直前（2019年12月31日）の最終ミーティングで4区（福田悠一）と5区（築舘陽介）、8区（鈴木大海）と9区（石津佳晃）にそうした指示を出し、彼らはその通りに実践した。小さなことのようにも思えるが、そのこだわりこそが総合9位・シード権獲得の要因でもあったのだ。

翌年の第97回大会では、それを伝え聞いたほかの選手たちが自発的に、どの区間でも左手で襷リレーをするようになった。決して監督が強制したわけではない。選手たち自身がリスクマネジメントを考え、勝つために取り入れたのである。このときの小田原中継所（4区→5区）の映像を確認すると、創価大学以外の多くの大学は右手で襷を受け取っていた。

襷リレーという最もヒートアップする場面で、選手が監督のアドバイスを冷静に守る。だからこそ、襷リレーは見ていて安心できるのだ。まさに監督と選手の信頼関係を物語るエピソードである。2022年新春の第98回大会では、創価大学の襷リレーにぜひ、注目してほしい。

第96回大会（写真上）と第97回大会（写真下）の小田原中継所での襷リレー。両大会とも創価大学は5区の選手が左手で襷を受け取っている

ルポ 「コロナ禍」に負けない！

創大駅伝部の挑戦 2021

桜が咲き誇るキャンパスでトレーニングに励む選手たち
その姿を見守るかのように本部棟がそびえ立つ

コロナ禍の忍耐が精神力を強くした

2021年1月の箱根駅伝。創価大学駅伝部は往路1区から順調に襷をつないだ。この日、4区には全力で走る嶋津雄大の姿があった。

「悔しかったのは、ラスト2～3キロメートルで脚がつって思うように走れず、区間賞を取れなかったこと。次はしっかり準備して臨(のぞ)みます」（嶋津雄大＝4年）

5区を走った三上雄太は、大学に入学したときから山上りを目指していた。11月の「激坂最速王決定戦2020@ターンパイク箱根」優勝に続き、箱根駅伝では念願の5区を疾走。往路優勝という金字塔(きんじとう)を打ち立てた。

「（4区の）嶋津から1位で襷を渡されるとは思ってもいなかったので、

風光明媚な5区を堅調に駆け抜ける三上雄太

『自分が1位で走っていていいのか』などと思いながら走っていました」（三上雄太＝4年）

冷静に見えた三上だが、運営管理車の榎木和貴監督の指示がよく聞こえ、後続のランナーが迫っていることに内心はかなり焦っていたという。

「ゴールでテープを切った瞬間、1位になったうれしさと、それまでのつらさ、苦しさ、それに途中で2位の東洋（大学）さんにタイムが詰められてしまって申し訳ないという気持ちと……いろんな感情がぐちゃぐちゃに入り混じって、気づいたら泣いていました」（三上雄太）

往路初優勝のタイムは5時間28分8秒。2位の東洋大学とは最終的に2分14秒差に開いていた。

チームは2日目も力走を続け、総合2位でゴール。この結果は、チームに自信をもたらした。前年秋の低迷から、創大駅伝部は見事に蘇生したのだ。

榎木監督は「走姿顕心」（走る姿にその人の心が顕れる）をモットーにしている。ただ数字を上げればいいという成果主義ではなく、黙々とひた走る駅伝を通して、選手全員が人間的に成長する。創大駅伝部の勇姿は、新型コロナという見えない敵と格闘する人々に無限の勇気と希望を与えた。

ストライプインパクト

2月から始動した新チームで主将になった三上雄太は、「予想もしていなかったし、あり得ないという気持ちでした。自分は先輩たち（歴代主将）のようにリーダーシップがあるタイプではないので、とにかく1年間、前で走り続けよう！ 走りでみんなをリードしていこうと思いました」と当時を振り返る。

チームの新スローガンは「ストライプインパクト」。シンボルカラーである赤（熱い情熱）と青（冷静な判断力）のストライプの襷をつなぎ、これからも多くの人たちに感動と勇気を届けたい。見る人に衝撃を与える走りをして、「今年も創価大学は強い！」と言ってもらいたいとの想いが込められていた。

こうして「速さ」と「強さ」を追求した新たな挑戦が開始されたのである。

新体制で主務に就いたのは2年生の吉田正城。高校時代は陸上部に所属し、短距離や跳躍で活躍。大学に入学してからは駅伝部マネージャーとしてチームを支えてきた。

主務の仕事は多忙である。日常の練習やミーティングのサポートはもちろん、寮生活においては選手同士の調整役や、選手と監督・スタッフをつなぐパイプ役も務める。ほかにも各種大会のエントリーや合宿・遠征の準備、宿泊や交通の手配といった事務的な作業。さらに、試合や大会の前後にはマネージャー同士の打ち合わせや反省会なども実施する。

「駅伝部のマネージャーには、先輩から代々受け継がれてきた『常に一歩先へ』という基本精神があります。自分はまだまだなんですけど、一人ひとりの選手を大切にして、『大勢の人を幸せにしたい』という自分の夢も賭けながら、主務としてチームの勝利に貢献したいと思っています」（吉田正城＝2年）

全日本大学駅伝の初出場を逃す

「勝って兜の緒を締める」という謙虚な気持ちで練習を続行しなければ、勝った瞬間、慢心が生じ、次なる負けの原因をつくってしまう。箱根駅伝での成功体験が、その後の仇になってはいけない。

しかし、6月19日に行われた全日本大学駅伝関東地区選考会（全日本予選）で創大駅伝部は落選してしまう。地区選考会は各大学の選手が2人ずつ4組に分かれ、1万㍍を競うが、創価大学の合計タイムは4時間19秒55と振るわず、結果は14位だった（7位までが本戦出場）。

「全日本予選は思っていた以上に大きな大会でプレッシャーがありました。（箱根の結果もあり）『通らなければならない』『外せない』という気持ちが重荷になって、力を出しきれませんでした。でも、それだけではなくて、大会前の準備も足りなかったので、『このままじゃダメだな』と、練習方法や考え方を見直すきっかけになりました。体力や筋肉をつけた

御獄高原（岐阜）での夏合宿。雨の中でのロード練習で、マネージャーが選手たちに給水を行う（2021年9月）

注＊創大駅伝部は2015年の箱根駅伝第91回大会に初出場（20位）。17年には第93回大会に２度目の出場（12位）。その後、２年間は予選会で敗退。20年の第96回大会に３度目の出場（９位）、21年の第97回大会に４度目の出場（２位）をしている。

り、体幹を鍛えたり、あとは距離も意識するようになりました」（山森龍暁＝２年）

「全日本予選で負けるまではチームが空回りしていました。一人ひとりががんばりすぎて故障したり、戦える状況ではなかったんです。いまの３年生以下のメンバーは負けを知らない。負ける悔しさを知っているのは僕たち4年生だけです（＊）。だから、ここで負けたことで3年生以下の顔つきが変わり、チーム全体が引き締まりました。結果的にはよかったと思います」（三上雄太）

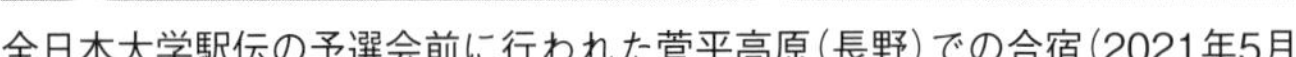
全日本大学駅伝の予選会前に行われた菅平高原（長野）での合宿（2021年5月）

「追い込まれてから粘る強さがなかった。精神的な強さがあれば、確実にクリアできたと思います。準優勝チームというイメージばかりが先行し、選手たちの中にも『創大駅伝部で練習していれば自分も自然に強くなる』という甘さがあった。監督や先輩頼みで受け身の練習をするのではなく、選手一人ひとりが個としてどこまで強くなれるのかが、ここからの勝負です」（榎木監督）

勝負の夏合宿

7月下旬。コロナ禍になってから２度目の夏合宿が始まった。一次合宿（長野・菅平高原）、二次合宿（新潟・妙高高原）、三次合宿（北海道・深川と岐阜・御嶽高原の2グループに分散）を通し、スタミナ強化を目指した月間走行距離900キロ㍍という徹底した走り込みで、選手たちは強い脚づくりに挑んだ。

「自分は高校時代、距離よりもスピードだったので、慣れるまでは毎日が疲労困ぱいでした。でも、慣れてくると距離を踏むことの大切さがわかってきました。夏合宿では順調に950キロ㍍くらい走れて、調子も上がっています。自分でも力がついてきている実感があるので、早く大会に出て力を試したいです」（小暮栄輝＝1年）

榎木監督は、定期的に選手と個人面談を行い、目標や意見に耳を傾けている。

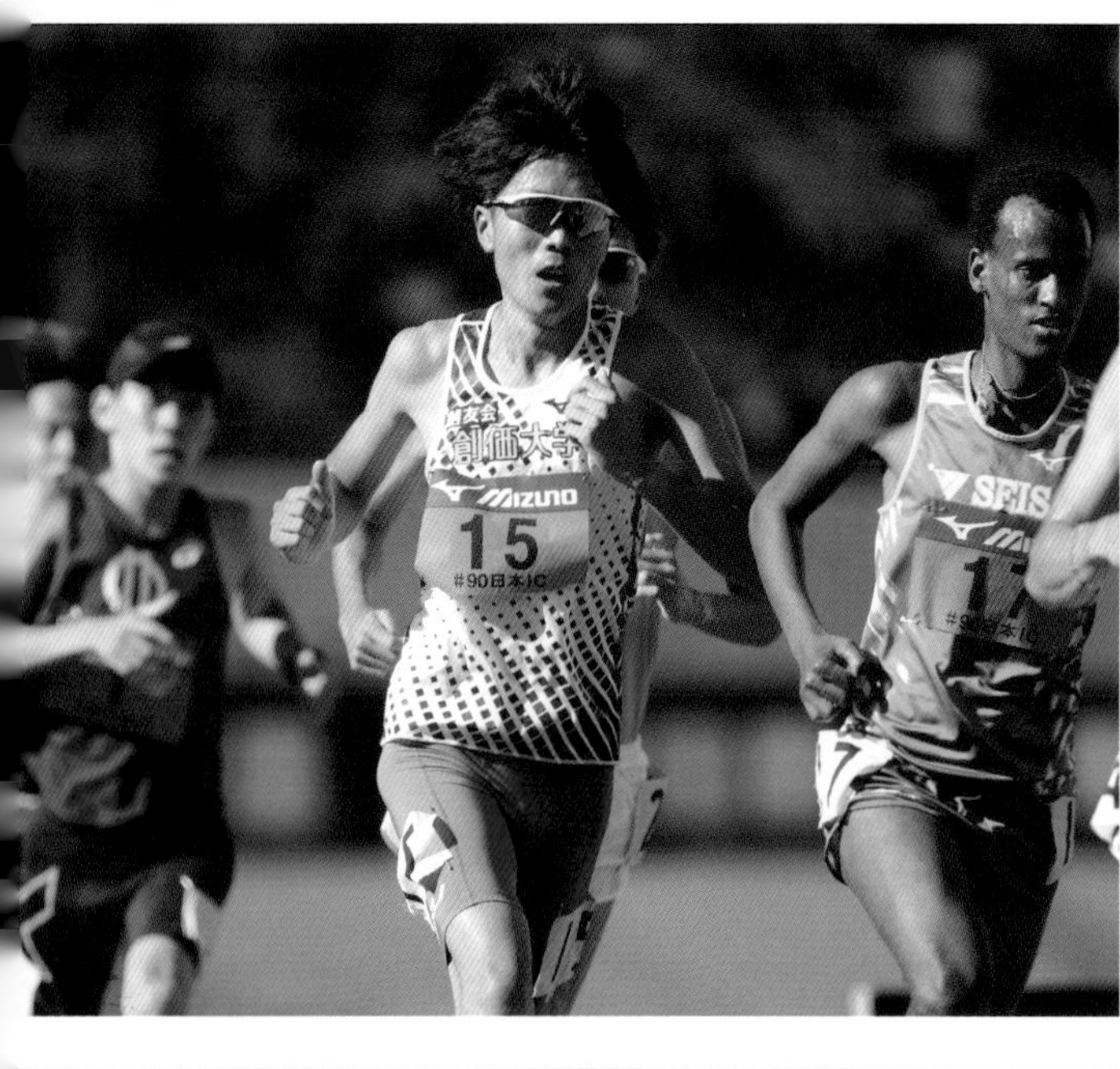

日本インカレ男子5000mで8位入賞を果たした新家裕太郎（2021年9月）

「私が考えている目標に対する道筋と選手自身が考えている道筋が違っていれば、いくら練習しても同じ方向に進みません。そこの擦り合わせをしています。『このタイムを出したいのだったら、この練習をやらないと結果は出ない』と、目標に向けた練習を組み立て、絶えずチェックしてアドバイスをしています。目標や課題が見えていない選手もいるので、そこは面談しながら指摘していきます」（榎木監督）

「個人面談では直接、監督に自分の考えを伝えることができるので、気持ちのズレなどがなく、やりやすいです。以前、監督から『月間走行距離が全然足りない。もっと走り込む必要がある』と指摘されたおかげで、自分の取り組み方が変わりました。練習量や精神力を高めて、試合で勝ち切ることがいまの自分の課題だと思います」（山森龍暁）

監督と選手一人ひとりとの確かな信頼関係が、チームの強さと団結の秘訣なのであろう。

9月に開催された日本インカレでは、1万㍍に出場したフィリップ・ムルワ（3年）が3年連続堂々の2位。嶋津雄大は日本人2位となる6位入賞に輝くと、5000㍍に出場した新家裕太郎（3年）が8位入賞を果たした。特筆すべきは、全日本予選の3組で最下位（40位）だった新家が復活の走りを見せてくれたことだろう。

10月10日、創価大学駅伝部は2年ぶりに開催された出雲駅伝に初出場を果たす。スタート時間の正午の気温は30・5度。厳しい暑さのなか、6区間45・1キロ㍍のコースを力走し、結果は7位。しかし、目標の3位以内には届かず、選手たちは、その結果を厳しく受け止めていた。

全日本・出雲・箱根という三大駅伝で確実に結果を残すことが創大駅伝部の今後の課題だ。創大駅伝部が再び「ストライプインパクト」をもたらすことができるのか。5度目となる箱根駅伝。注目の戦いは、もうすぐそこまで迫っている。

Vol.6

『新・人間革命』
巻の内容を収録

本》

巻～3巻を収録
巻・5巻を収録
巻・7巻を収録
巻・9巻を収録
0巻・11巻を収録

価各1100円（税込）

データで学ぶ
『新・人間革命』
12巻・13巻
パンプキン編集部・編
革命」学習の活用書！
1967（昭和42）年5月～1969（昭和44）年2月
名場面　データ＆索引
るためのデータベースなど
るための情報・資料が満載
潮出版社
定価：1,100円（10％税込）

データで学ぶ『新・人間革命』

『新・人間革命』学習の手引きに最適！

時代背景、名場面などをデータを用いてわかりやすく解説！

《好評シリーズ》

1 人間革命の本流篇
2 励ましの城篇
3 母たちの合掌篇
4 青年の譜篇
5 大阪事件篇
6 友よ強く篇
7 白樺—いのちの守り
8 先駆者たち—ラテン
9 いくさや ならんど—
10 炎の海を越えて篇
11 先駆者たち—ドイツ
12 東京凱歌篇
13 先駆者たち—フラン
14 トインビーとの対話
15 先駆者たち—イギリス・

● 1～ 5巻・定価各1047
● 6～10巻・定価各1049
●11～16巻・定価各1100

潮新書

聖教新聞報道局編

●定価1100円（税込）

生きる

26人の日本の知性は発言する——

帚木蓬生ほか

電子版あ

【ご注文方法
お求めいた
★お急ぎの
ご注文いた
0120-29-
（www.u
電子書店の

〒102-8110 東

ランナーたちの元気メシ

選手たちにとって最も大切な毎日の食事。
長距離を走り抜く体力を養うために、彼らはどのような食生活を送っているのか？
ここでは、寮での食事や大会前の体調管理など、
駅伝部の栄養指導を担(にな)う株式会社LEOCの管理栄養士の解説を交(まじ)え、
ランナーたちのパワーの源(みなもと)を紹介する。

試合前の夕食例（高糖質食）

- 牛肉豆腐
- しらすのペペロンチーノ
- 青梗菜とツナの和え物
- フルーツヨーグルト
- サラダバー（適宜）
- ご飯・味噌汁（おかわり自由）

▶栄養成分（1食あたり）

エネルギー	673kcal
たんぱく質	39.4g
脂質	22.9g
炭水化物	73.9g

※サラダバー、ご飯、味噌汁は除く

ランナーに必要なのはエネルギー

選手たちが寮で食べる朝・晩の献立や寮の食堂の運営、年に数回の栄養相談など、駅伝部にとって管理栄養士のサポートは欠かせない。

「朝、練習後はなかなか食欲が出ないようなので、卵料理や魚料理などを中心に、なるべく食べやすいものを提案しています。朝は定番メニューがほとんどですが、夜はバリエーションを持たせています。やはり、学生さんはお肉を好まれますが、揚げ物は避け、蒸し料理やしゃぶしゃぶなどで脂身を除くよう、心がけています」(管理栄養士の宍戸聖子さん)

また、消費エネルギーの多いランナーにとって、何より必要なのはエネルギー量を確保すること。エネルギー不足になると、スタミナはもちろん、貧血を引き起こすこともあるので、しっ

寮の食堂に〝サラダバー〟が登場

「食材をとるときに自分に足りていない栄養素を自分で考えてプラスできるように」と、導入されたサラダバーは学生たちにも好評。食材の脇には、管理栄養士からのワンポイントアドバイスが添えられている。

ランナーたちの
元気メシ

創大駅伝部の食生活に迫る

早朝に構内を走る"朝練"は駅伝部の日課になっている

かり食べて力をつけることが大切である。

「貧血は鉄分の不足が原因だと思われがちですが、それだけではありません。とくに運動量の多い学生さんなどはエネルギー不足で貧血になることもよくあるのですが、食事を改善することによって体調が安定するケースが多く見られます。お米を食べて、エネルギーを蓄えることでパワーが出てくるし、筋肉もついてきます」（管理栄養士の仲山七虹さん）

1日2800～3000キロカロリーを摂取することを目標に、寮の食堂にはふりかけやお茶漬けの素など"ご飯のお供"も常備されている。また、米飯だけでなく、週1～2回はうどんも出るなど、飽きないように工夫がされている。

マンツーマンの栄養指導

年に数回の栄養指導では、貧血対策や体重のコントロールなど、気になることを個別に相談できる。また、帰省した際に数日間の食事内容を写真で送信し、食事のバランスチェックをしてもらうことも。

体重や体脂肪率、筋肉量など、体組成のデータをもとに学生と面談する仲山さん（写真右）と宍戸さん（写真中央）。

OB&OG座談会

★もう一花(ひとはな)咲か創価

「箱根の常連校」となる日を目指して

2021年春に卒業したメンバーの代表に、大学時代の思い出や競技生活のエピソード、駅伝部の後輩への期待などを語っていただきました。

47期生・苦闘と栄光の大学時代

——まず、皆さんの世代の4年間を振り返っていきたいと思います。

鈴木 渓太　僕たちは入学後、2年連続で箱根駅伝の予選会で敗退(はいたい)して、そのあとシード権とって総合2位っていう、最初の2年と後半の2年ですごい差があるように見えるかもしれないんですけど、負けた2年間、何もできなかったのかというと、そういうわけでもなかったんですよね。だから、（箱根出場を勝ち取れたのは）「負けた2年間があったからこそだったんだなぁ」っていう気がするし、「勝負の世界っていうのは紙一重(かみひとえ)なんだ」って、いまは思ってます。

——2年生の正月（2019年）には鈴木大海くんが関東学生連合の選抜選手として3区を走りましたね。

渓太　大海が学生連合で箱根を走ったとき、僕は大海の給水係として20㌔くらい伴走したんですけど、「箱根ってこういう場所なんだなぁ」って、いい経験ができてよかったと思います。

原富 慶季　僕は大海がゴールしたときの付き添い係で、もちろん応援は

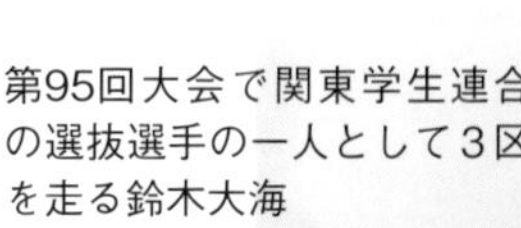
第95回大会で関東学生連合の選抜選手の一人として3区を走る鈴木大海

※司会・進行は編集部

2021年9月、Ｚｏｏｍで収録

参加者
プロフィール

鈴木 渓太
すずき・けいた
1998年9月、山形県米沢市生まれ。4年次に主将を務める。経済学部卒業。株式会社竹中工務店勤務。

福田 悠一
ふくだ・ゆういち
1998年4月、鳥取県南部町生まれ。2020年（4区）、2021年（1区）の箱根駅伝に出場。法学部卒業。鳥取県庁職員。

鈴木 大海
すずき・ひろみ
1998年12月、神奈川県茅ヶ崎市生まれ。2019年（関東学生連合、3区）、2020年（8区）の箱根駅伝に出場。経営学部卒業。八千代工業株式会社勤務（陸上競技部の実業団チームに所属）。

原富 慶季
はらとみ・よしき
1998年6月、福岡県久留米市生まれ。2020年（3区）、2021年（7区）の箱根駅伝に出場。文学部卒業。株式会社九電工勤務（陸上競技部の実業団チームに所属）。

石津 佳晃
いしづ・よしあき
1998年11月、静岡県浜松市生まれ。2020年（9区）、2021年（9区）の箱根駅伝に出場。文学部卒業。株式会社ネクステージ勤務。

豊福 妙香
とよふく・たえか
1998年12月、福岡県小郡市生まれ。マネージャーを務め、4年次には駅伝部初の女性主務に就く。教育学部卒業。オークラヤ住宅株式会社勤務。

していたんだけど、未熟な人間だったので、「やっぱり自分が出たかった」「悔しい」っていう気持ちしかなかったんだよね、あのときは（笑）。

鈴木 大海　自分はまだ全然、力がない状態だったし、チームの中で自分だけ箱根を走ることになって、プレッシャーみたいなものは、ものすごく感じてたんだけど、渓太や原富が付き添って自分を支えてくれてるとわかったときはうれしかった。緊張はしたけど、「ここで走った経験は来年、再来年に絶対生きる。やるだけやってみよう」と必死で走ってた。

――その直後（２０１９年２月）、榎木和貴監督による新体制がスタートします。

豊福 妙香　榎木さんは自分の思い

を言語化するのがとても上手な監督で、私たちマネージャーの意見にも真摯に耳を傾けてくれたので、とてもやりやすかったです。監督と選手、スタッフの間のコミュニケーションが最初からうまくいったことが、その後の勝利の要因だったと思います。

石津 佳晃 ミーティングルームで全員、初めて顔合わせしたんですけど、話し方も落ち着いてて、「すごくいい人だなぁ」っていうのが第一印象でした。その後、練習の指導でも「ああ、この人ならついていけるなぁ」って感じました。

渓太 榎木さんは、陸上競技に対する知識がすごく深いので、僕らに伝えるときに噛み砕いて伝えてくださって、それがすごくわかりやすかった。だから選手たちも、陸上に対する知識が増えたっていうのは、すごく感じます。

箱根駅伝出場がターニングポイント

——3年生の秋に予選を5位で通過したときの感動は覚えていますか?

原富 僕は予選会に出れずに、（昭和記念公園内の）「みんなの原っぱ」で見てて、そこでハイタッチしたのを覚えてます。それで喜んだんですけど、やっぱり悔しくて……。そこからはもうサバイバルレースでした。榎木さんも、「タイム出したらメンバーに入れてやる」って言っていたので、その言葉を信じて、「本戦に絶対出るぞ」と決めて、ピリピリしながら練習していました。おかげで自己ベスト記録を出す選手が続出し、チーム全体が大きく底上げされました。

豊福 あのときは8割くらいの選手が自己ベストを更新しました。「10人の出場メンバーに入らないかもしれない」と思われていた選手まで自己ベストを更新できて、チームの勢いが加速しました。

——そして、年が明けた正月（2020年）、皆さんにとって初めての箱根駅伝出場となったんですね。

原富 12月に箱根のメンバーを決める最後の合宿があって、僕は3区を走ることになったんですけど、それが決まった途端、緊張から体調を崩してしまい、箱根の1週間前に急性胃腸炎で3日間走れなくなってしまったんです。すごく焦ったんですけど、榎木監督が「お前を信じてるからな」と声をかけてくださって、数日前に完治して本戦に出場できました。

福田悠一　僕もその合宿のころに、ちょっと腰を痛めちゃって、「マズいな」って思いました。まぁ、治療して、なんとか間に合わせて走れたんですけど……。当日は、1区で米満さんが区間賞を取ったことが衝撃的で、一気にテンションが上がって「腰のことなんてどうでもいいや」みたいな気持ちになって（笑）、緊張もなく、最高に楽しく4区を走らせてもらいました。

第96回箱根駅伝予選会を突破して歓喜する選手たち（2019年10月　立川・国営昭和記念公園）

大海　自分は8区だったんですけど、楽しんで走れました。1年前に学連代表として走ったときはどうしても「自分一人」っていう気持ちが強かったんですけど、あのときは「チームで一緒に戦っている」っていう感じがして、ものすごく心強かったなぁっていうのを覚えています。

石津　僕は走る前からめちゃくちゃ緊張してました。9区は最長区間だから「大丈夫かなぁ〜」っていう気持ちもあったし、大海から襷を受け取ったのが（シード権獲得の瀬戸際の）11位という際どい順位でプレッシャーもあって、案の定、10位とタイムを離されてしまいました。でも、あの悔しい思いがあったからこそ、次の年にがんばれたので、「あれは必要な失敗だったかな」って、いまは思ってます。

――10区では劇的な大展開があって、シード権を獲得しましたね。

石津　11位で襷を渡したあと、嶋津が区間新記録を出して総合9位に入ったのは驚きました。シード権が決まって「来年も出られる」っていう喜びよりも、無事に終わってホッとしたという気持ちでした。

同期の絆が
チーム団結の礎に

——この箱根駅伝のあとに新体制になり、鈴木渓太主将が誕生。「もう一花咲か創価」というスローガンのもと、スタートしました。

渓太　このスローガンを決めたとき、みんなの意見をまとめることの難しさに直面して、「初っ端からこれか〜」って思っちゃったんですよ。それで（前主将の）築舘さんに電話で相談して、アドバイスをもらいました。その後も主将として迷ったり、自信をなくしたりすることが何度かあったんですけど、最終的にはみんなに助けられて、「本当に仲間に恵まれたなぁ」って……。

豊福　いや、渓太だったから、みんなも支えたんだよ。私も含めてたぶん、同期はみんな「渓太が主将でよかった」って思ってる。

石津　そうだよな。「渓太以外、だれがやるの?」っていう感じだったよ、ホント。それに、渓太も主将という役職に潰されることなく、結構、（走りでも）いい結果を出して、伸びていったし。

豊福　私たちの同期はバランスがよくて、それぞれ輝ける場があったと思う。

石津　一人ひとりの個性とか能力とかのバランスが奇跡的だったよな。

——ちょうど皆さんが4年生になってすぐ、コロナ禍でこれまで通りの練習や寮生活が続けられなくなり、公式戦もなくなりました。離れて練習していた期間はどのような気持ちでしたか?

石津　いまだから言えるんですけど、コロナで帰省することが決まったとき、「やった〜！　俺、帰れんじゃん！」（笑）って喜んだんですよ。でも楽しかったのは最初の2週間ぐらいでしたね。一人でポイント練習をこなすっていうのはキツくて、普段は仲間がいるから、質の高い練習が成り立ってるっていうことを感じました。大学に戻ってから夏合宿に行ったんですけど、やっぱり調子を戻すのがすごく大変でした。

原富　僕も実家に帰ったんですけど、夏までずっとケガで走れなくて、夏の間もチームから離れてずっと別メニューで練習してたんです。ときどき、「チームの一員じゃないんじゃな

「もう一花咲か創価」とのスローガンのもと、創大駅伝部の新たな歴史を開いた主将の鈴木渓太ら47期生（白馬合宿所にて）

いか」と不安になることもあったんですけど、「自分は走りでチームに貢献する」って決めて、箱根までに調子を上げることができました。箱根では7区を走ったんですけど、同期の（松本）直樹が僕に付き添ってくれて、レース前に笑わせてくれたり、リラックスさせてくれたことが、すごくありがたかった。

――同期の存在が心の支えになったんですね。

渓太　僕も同期のみんなには感謝してる。箱根の直前、補欠を含めて16人のメンバーが決まって、10人の出場選手を決める合宿があったんだけど。

福田　あぁ、島田（静岡）での年末の強化合宿だね。

渓太　そうそう。メンバーを決める選考争いで、自分以外の15人はみんなライバルなのに、すごくキツいポイント練習で僕が離脱しそうになると、同期の仲間が後ろから僕の腰を押して励ましてくれたり、そういうことが何度もあって……。仲間のために何かをできるってすごいと思うし、そういう同期がいてくれたことが心強かった。

豊福　渓太のことを、みんなが信頼して支えていた証だよ。

――豊福さんは、駅伝部初の女性主務でしたね。

豊福　私は主務という立場より、同期の土田・大矢と一緒にマネージャー全体でしっかりやっていこうという意識でいました。その場で自分に何ができるかとか、どういう行動をしたらチームにいい影響を与えられるかっていうことを常に考えていく中で、自分自身が成長できたかなって思います。

渓太　豊福は最強のマネージャーだったよ。僕たちは子どもっぽいところがあって、みんなでワチャワチャしてしまうこともあったけど、豊福は一人冷静に、僕たちを引き戻してくれたり……。そういうことがうまいんだよね。

原富　あと、練習のときも「給水の量を多めにしてほしいな」とか思っていると、すでに気づいていて、増やしてくれていたり。選手がやってほしいことを先回りしてやってくれたおかげで、思いきり練習に取り組めたんだ。

箱根の常連校を目指して

——皆さんが創大駅伝部で築いた最高の財産は何ですか。

渓太　4年間すべてを競技にかけてきた経験は、社会人になったいま、強い自信になっていて、家族と同じように一緒に生活してきたみんなは、かけがえのない一生の仲間です。

大海　自分も、創大駅伝部に入って箱根を走るっていう貴重な経験ができたのは仲間の存在があったから。自分一人でできることっていうのは限界があるけど、みんなと何かをやり遂げる楽しさとか仲間の大切さを感じられたことが財産です。

福田　箱根っていう一つの目標に向かって、みんなで切磋琢磨し合いながら、一致団結して前に進んできた4年間っていうのは、自分にとってすごく大切なものになってるのかなぁと思っています。

原富　僕たちは、駅伝の練習だけやっていればいいわけじゃないから、朝夕、練習をやりながら、大学の授業に出てレポートを提出するのは大変な苦行でした。ときには練習が終わったあと、みんなと一緒に食堂で徹夜してレポートを書いたこともあって……。そうやってがんばったことが一生の思い出です。

石津　30歳とか40歳になってからも、学生時代と同じように語り合える仲間って限られると思うんだけど、駅伝部の同期とは、これから先もずっと付き合っていけると思う。苦しいときにいつでも励まし合ったり、飲みに行ったりできる仲間ができたことが最高です！

——最後に、駅伝部の現役メンバーに、熱いメッセージを送ってください。

福田　創大駅伝部の魅力は、チームの仲がよくて、明るい雰囲気の中で練習できることです。あと、応援してくれる人たちが全国にたくさんいることも、ほかの大学にはない特徴

卒業式の日に。写真左から大澤智樹、鈴木渓太、松本直樹、鈴木大海、原富慶季、右田綺羅、豊福妙香、大矢涼音、石津佳晃、土田勝太郎、福田悠一、桜木啓仁、飯嶌友哉、中村真一朗（2021年3月　創価大学中央教育棟ロビー）

だと思います。その応援に応えるのはもちろんですけど、プレッシャーを感じることなく、のびのびと自分たちらしさを大事にしてほしいなと思っています。

大海　創価大学の応援って、ほかの大学の比じゃないくらいすごくて、走っているときは本当にそれが力になっていました。そうやって応援してくれる皆さんの思いに応えて、いつか「創価大学は箱根の常連校だ」と言われるように、後輩たちにはがんばってもらいたいです。

原富　自分たちが走れる環境っていうのは、大学関係者や後援会、支援者の方々のおかげで、それがなければ僕たちは走れていないので、そういう感謝の気持ちを絶対に忘れずに、文武両道を目指してください。

豊福　2022年5月には、駅伝部の新しい寮が完成します。より充実した環境でトレーニングに励みながら、人間的にも成長していってください。

渓太　僕は4年間、駅伝だけをやらせてもらってきましたけど、一般の学生は僕たちが寝てるような時間にバイトしたり、僕らとはまた違った苦労をしている人もいます。そういう違った環境でがんばってる人が応援してくれていることも、駅伝部にとってはすごい原動力になります。だから、その人たちの思いも感じながら、練習に取り組んでいってもらえたらいいなと思います。

――ありがとうございました。やっぱり駅伝ってチームスポーツなんだと改めて感じました。創大駅伝部の歴史は、これからが本番です。今後の駅伝部の活躍に期待しています。

月間走行距離の〝見える化〟

榎木和貴監督が就任した2019年、月間走行距離「750キロ以上」が選手たちの目標となった。同時に走行距離や心拍数などが計測できるガーミンウォッチも導入されて、リアルタイムに選手・スタッフ間でデータが共有され〝見える化〟が始まった。

その後、駅伝部は著しい成長を遂げるわけだが、実は月間走行距離の〝見える化〟は、数年前から少しずつ取り入れられていた。

「以前からセルナルド祐慈（17年卒業）や築舘陽介（20年卒業）など少数のメンバーで試験的に始めていました」（渡部啓太前コーチ）

月に1回、選手が走行距離を紙に書いて自己申告し、それを渡部氏が集計して〝見える化〟した。

やがて、セルナルドの活躍（第93回大会で区間5位）もあってチーム全体に浸透していったが、およそ50名の部員が決められた日時に提出するかというと一筋縄ではいかない。丁寧な説明や地道な対応を繰り返すなかでようやく定着し、榎木監督が就任したときには、それまでの走行距離のデータが揃っていた。

新監督は早速、それらをもとに客観的な分析をし、チームに適した月間走行距離の目標を導き出すことができたのではないだろうか。

初のシード権獲得には、小さくとも偉大な積み重ねがあったことも見逃せない。

▶2021年春に卒業した主力選手の走行距離データ。棒グラフは週ごとの走行距離で、折れ線グラフが年ごとの月間走行距離。青:1年、赤:2年、緑:3年、黄:4年。学年が上がるにつれて走行距離が伸びている。

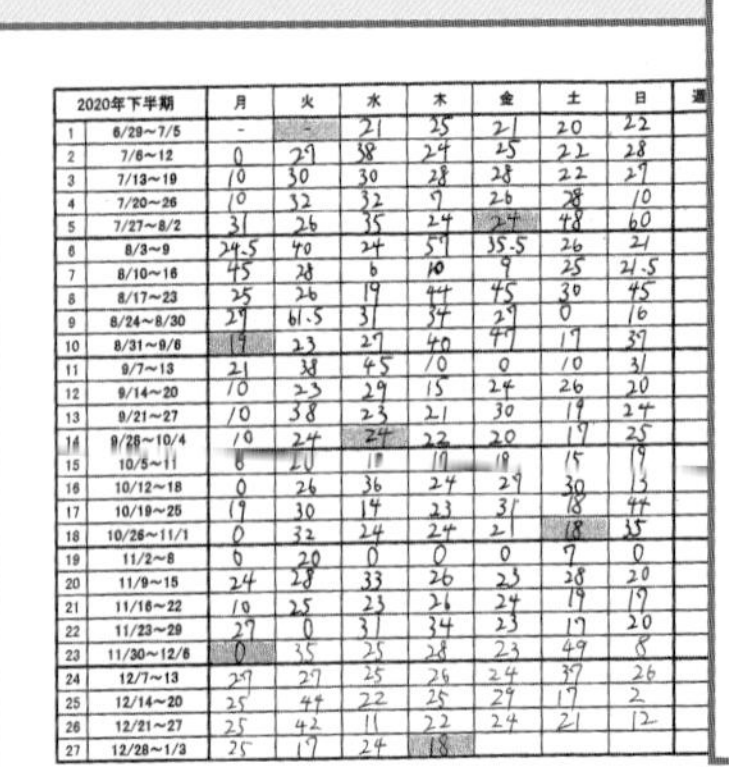

	2020年下半期	月	火	水	木	金	土	日
1	6/29～7/5	-	-	21	25	21	20	22
2	7/6～12	0	27	38	24	25	22	28
3	7/13～19	10	30	30	28	28	22	27
4	7/20～26	10	32	32	7	26	28	10
5	7/27～8/2	31	26	35	24	24	48	60
6	8/3～9	24.5	40	24	57	35.5	26	21
7	8/10～16	45	28	6	10	9	25	21.5
8	8/17～23	25	26	19	44	45	30	45
9	8/24～8/30	27	61.5	31	34	27	0	16
10	8/31～9/6	17	23	27	40	47	17	37
11	9/7～13	21	38	45	10	0	10	31
12	9/14～20	10	23	29	15	24	26	20
13	9/21～27	10	38	23	21	30	19	24
14	9/28～10/4	10	24	24	22	20	17	25
15	10/5～11	6	20	12	19	18	15	19
16	10/12～18	0	26	36	24	27	30	13
17	10/19～25	19	30	14	23	31	18	44
18	10/26～11/1	0	32	24	24	21	18	35
19	11/2～8	0	20	0	0	0	7	0
20	11/9～15	24	28	33	26	23	28	20
21	11/16～22	10	25	23	26	24	19	17
22	11/23～29	27	0	31	34	23	17	20
23	11/30～12/6	0	35	25	28	23	49	8
24	12/7～13	27	27	25	26	24	37	26
25	12/14～20	25	44	22	25	29	17	2
26	12/21～27	25	42	11	22	24	21	12
27	12/28～1/3	25	17	24	18			

名前

下半期 2大目標
① 13分台＆28分台を出す!
② 箱根区間3位以内

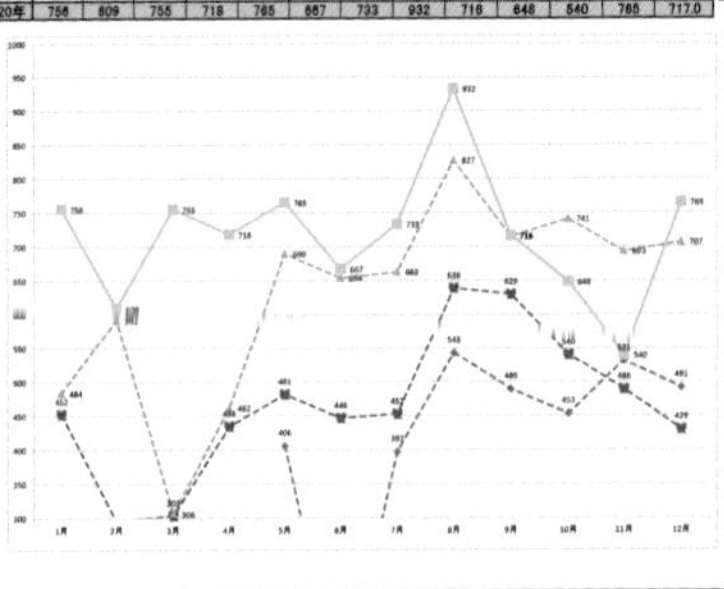

～2020年下半期～　目標＆走行距離データ

47期生

1）　13分台＆28分台を出す！

2）　箱根区間3位以内

月間走行距離棒グラフ

年/月	1月	2月	3月	4月	5月	6月	7月	8月	9月	10月	11月	12月	平均
17年					406	39	397	543	489	453	531	491	418.8
18年	452	294	303	434	481	446	452	638	629	540	488	429	465.5
19年	484	592	306	462	690	654	663	827	715	741	693	707	627.8
20年	756	609	755	718	765	667	733	932	716	648	540	765	717.0

月	7月	8月	9月	10月	11月	12月	計
月間距離	733	932	716	648	540	765	4334

◀選手たちは毎日の走行距離を手書きで記載して提出していた

大学駅伝の魅力と展望
常勝への道

住友電工陸上競技部監督
渡辺康幸

×

創価大学駅伝部監督
榎木和貴

早稲田大学監督として、出雲・全日本・箱根の三冠を達成した渡辺康幸氏と、箱根駅伝で飛躍を遂げた創価大学の榎木和貴監督がチームづくりや指導者論を語る。

箱根駅伝のスター その栄光と苦悩

——渡辺さんは早稲田大学、榎木さんは中央大学で同時代に学生駅伝でご活躍されました。当時、お互いにどのような印象をお持ちでしたか？

榎木　渡辺さんは、私の1学年上で、スター選手でした。話ができないくらいの存在だったんです。でも、早稲田に私と同学年の小林雅幸くんという選手がいて、彼を介してお話をする機会を作ってもらったことをきっかけに、その後は試合時に渡辺さんから声をかけていただくようになりました。同じ時代に競技をやってきましたけど、同じ土俵で競ったという認識はまったくありません。

渡辺　私が4年生のときの箱根駅伝

聞き手・文／酒井政人（スポーツライター）　写真／柴田篤　（※この対談は、感染対策を万全に行ったうえで21年9月11日に実施しました）

（1996年）で中央大学が32年ぶりに総合優勝したんです。ですから、私の1学年下の中央大学は強い選手が揃っていたというイメージがありますね。榎木くんは選手として秀でていたのはもちろんだけど、性格もすばらしかった。決してグイグイ前に出るタイプじゃなく、とても謙虚。しかも努力家ですし、実業団選手時代には苦労も味わっているので、いずれよい指導者になるのでは、と感じていました。

――榎木さんは渡辺さんの走る区間が気になりましたか？

榎木 私はエース区間を走る機会は少なかったので、渡辺さんと同じ区間でぶつかることはないだろうなと思っていました。

渡辺 中央大学の2区といえば松田和宏くん（現・学法石川高校陸上競技部監督）だったよね。

榎木 箱根駅伝では松田くんが4年連続で花の2区を走りましたし、全日本大学駅伝も彼がアンカーでした。

――松田さんは全日本大学駅伝で渡辺さんに1分31秒差を大逆転されました。

榎木 松田くんは渡辺さんや留学生と同じ区間で競うので、区間賞は難しい。一方、私は準エース区間などが多く、直接対決することはなかったので、4年間を通して（三大駅伝で）区間賞を6回も取らせていただきました。松田くんからは、「いつもいいよな。おいしいところばっかり持っていって」と言われました（笑）。でも、彼はエースのプライドがあったので、花の2区は譲りたくないという気持ちは強かったと思います。

榎木和貴
えのき　かずたか
（創価大学駅伝部監督）

1974年生まれ。宮崎県出身。中央大学在学中は箱根駅伝で4年連続区間賞を獲得。大学卒業後は旭化成に入社、2000年の別府大分毎日マラソンで優勝。沖電気陸上競技部、トヨタ紡織陸上部でコーチ、監督を務めた後、19年から現職。

――お二人は学生駅伝で大活躍された後、実業団で競技を続けました。

渡辺　私はエスビー食品に入社後、お給料をもらいながら競技をやるというプレッシャーや世間からの期待などが重荷になって、だんだん走ることが楽しくなくなってきてしまったんです。それを乗り越えるだけの精神力やメンタルの強さが足りなかったのかなと思います。また、早い段階で挫折を経験しなかったことも、よくなかったのかもしれません。

――渡辺さんは高校（市立船橋）2年のときからずっと日本人選手には無敗状態でしたね。

榎木　渡辺さんは学生時代から世界大会に出場されていたので期待も注目度も高かった。それだけに常にハイレベルの結果が求められるので、大変だったと思います。私は、旭化成に入ったからにはマラソンで勝負できるようにならないといけない。でも、大学時代とのギャップと周囲の強さに跳ね返されて、うまく結果に結びつけられなかったのは悔いが残るところです。

――当時のエスビー食品と旭化成はライバル関係にありました。お互いのチームをどう思っていましたか？

榎木　エスビー食品はエリート集団ですね。学生駅伝で活躍したスター選手の集まりでした。どちらかというと旭化成は高卒の選手が中心のチームでしたから、そのなかに私のような大卒の選手が入ると、タフさという部分では同年代の選手に敵いませんでした。私は一度もニューイヤー駅伝のメンバーに入ることができませんでしたし、両チームの競争のなかに加わることすらできなかったと

渡辺康幸
わたなべ　やすゆき
（住友電工陸上競技部監督）
1973年生まれ。千葉県出身。早稲田大学1年次に箱根駅伝の総合優勝に貢献し、2〜4年次には区間賞。卒業後はエスビー食品で活躍。2004年から15年まで母校の駅伝監督を務め、10年度には出雲駅伝・全日本大学駅伝・箱根駅伝の三冠を達成した。

第44回兵庫リレーカーニバルの男子10000mで優勝したエスビー食品の渡辺康幸（1996年4月）

いうのが正直なところです。

渡辺　当時のエスビー食品は、千駄ヶ谷の国立競技場近くに寮があって、朝練習では赤坂・青山・六本木の都心コースを毎日走るわけです。いま考えると、信じられないですよね。私は、榎木くんがいたころの旭化成は史上最強だと思っているんです。川嶋伸次さん（現・旭化成陸上部コーチ）や高尾憲司くんなどもいましたからね。あのころ、合宿で延岡（宮崎県）に行くことがあったんですけど、東京から遠いし、練習は厳しいし、エスビー食品の選手は嫌がりましたね。私も行きたくなかった（笑）。旭化成の練習メニューをやっても全然できないんですよ。消化率は半分くらいでした。旭化成であの練習をやり抜いたら、強くなるんだろうなと感じました。旭化成は速さよりも強さのチームでしたね。故障もしなかったし。だから、あのなかで揉まれてきたというのは、本当にすごいと思います。

榎木　私は大学時代の選抜合宿で、渡辺さんの練習メニューを見たんですけど、とてもじゃないけど真似できるレベルじゃない。練習の質も高いし、才能やスピードの違いをすごく感じました。トラックのレースではエスビー食品の選手には絶対に勝てなかったんですけど、駅伝やマラソンなら勝負できるというのが旭化成の強さだったと思います。

箱根駅伝で往路優勝　創価大学の勝因

——2021年正月の箱根駅伝では創価大学が4回目の出場で往路優勝、総合2位に大躍進しました。榎木さんは監督就任2年目での快挙です。渡辺さんはテレビ解説を務められていましたが、創価大学はどの程度やると予想されていましたか？

渡辺　私は5番手くらいじゃないかと思っていたんです。うまくいって3番。創価大学の充実ぶりは耳にしていたんですけど、現在の箱根駅伝で1位になるのは相当難しい。まぐれで勝てるものではありません。それが残り2キロ㍍までトップを独走し

第49回別府大分毎日マラソンで優勝のゴールテープをきる旭化成の榎木和貴（2000年2月）

たのですから、すごかったですね。

——創価大学は「3位」を目標に掲げていましたが、メディアの評価はそこまで高くはありませんでした。

榎木　総合3位はまわりから見れば高すぎる目標に見えたかもしれません。でも、100㌫の走りができれば、確実に上位争いできるという手応えがあったんです。復路は順位を落とすことも予想していました。そのなかで選手たちはしっかりと実力を発揮してくれたと思います。

——いつぐらいから「やれそうだな」という感触があったんですか？

榎木　12月に入ってからですね。静岡・島田で直前合宿をやったんですけど、その中身がすごくよかった。自信を持って、「3位が目標です」と言える手応えがありました。

実は、秋のレースで夏合宿の成果を出すことができなかったんです。3位を目指しているのに、達成できそうにない。選手たちに危機感が芽生えて、スイッチが入りました。学内トライアルで徐々に自信をつけたのが、直前合宿につながり、それが箱根駅伝の勢いになったと思います。

——渡辺さんは創価大学が躍進できたポイントは何だと思いますか？

渡辺　まず1区の滑り出しがよかったですね。2区は留学生のフィリップ・ムルワ選手がいるので、ある程度計算できる。あとは嶋津雄大選手を4区に置いたのも大きかった。3区の途中くらいから、「創価大学が往路で勝つんじゃないのかな」と話していたほどですから。

榎木　往路でいちばん心配だったのが3区でした。少し順位を落としても、4区の嶋津で2、3番手争いまで上がり、あとは5区の三上雄太でどこまで上げられるのか。3区の葛西潤が区間3位の好走で2位をキープしたのがよかったです。

渡辺　序盤からうまく流れて、4区でトップに立ったわけですからね。この時点で創価大学の往路優勝が見えてきたので、「明日はどうなのかな」という取材に走りました。

榎木　往路を終えた後と復路のスタート前に渡辺さんから連絡をいただきました。私は「どこかで追いつかれますよ」と言いましたが、「あの勢いならチャンスはある。勝てるチャンスは活かしたほうがいいよ」と言っていただきました。

渡辺　見事でした。復路は6区以降も危なげなく、10区も序盤はそこまで不調ではなかった。「榎木くんはすごいな！　就任2年目で優勝か。でもコロナ禍で胴上げできなくてかわいそうだな」と思っていたくらいです（笑）。でも、甘くなかった。駒澤大学・大八木弘明監督の「男だろ！」という声が聞こえてきたからね。

榎木　運営管理車に乗っていても、大八木監督の声がだんだん大きく聞こえるようになったんですよ。

渡辺　箱根駅伝で10人全員が完璧に走れることはありえません。常連校でさえ、まさかの失速はありましたから。だからこそ、ここまでの走りができたのは本当にすごかった。監督の指導力、選手のモチベーション、バックアップしている大学の力もあるのでしょう。チームが一丸となった総合2位だったと思います。

――その後、創価大学は2021年6月の全日本大学駅伝関東地区選考会ではまさかの落選でした。

榎木　卒業した4年生は実力があって、箱根では3人とも区間3位以内で走ってくれました。新体制になって箱根を経験していないメンバーが全日本予選に挑戦しないといけません。箱根では総合2位の結果を出せましたけど、勢いだけで実力が追いついていなかったですね。

――それでも21年は出雲駅伝（10月10日）があります。

榎木　出雲駅伝（6区間／45・1キロ）と箱根駅伝は距離が大きく異なるので、戦い方がまったく違います。チーム目標は「3位以内」に置いているので、そこに少しでも近づきたいですね。勝負に絡んでインパクトを残したいと思っています。

――どのようなオーダーが考えられますか？

渡辺　前半で乗り遅れると上げられないので、やはりエースや留学生を3区に起用したいよね。でも創価大学はどちらかというと距離が長いほうが力を発揮するチーム。出雲はシード権がかかっているわけではないので箱根に向けて大きな舞台を経験させるためのオーダーを考えてもいいと思います。経験値は大事だから。

現代における人材育成と指導法

――次は育成論についてお聞きしたいと思います。まずは指導理念として掲げているものを教えてください。

渡辺 自ら育つ力、つまり、「自立」ですね。出された練習をただやるだけではなく、何のためのメニューなのかよく考えてやってほしいと選手たちに伝えています。自分で練習スケジュールを組めるくらい、選手には早い段階で「自立」をしてもらいたいと思っています。

――東京五輪の男子マラソンで6位に入賞した大迫傑さんは渡辺さんにとって早稲田大学時代の教え子です。4年次は自分で練習メニューを立てていたと聞いています。

渡辺 大迫くんの場合は入学時から練習に対するしっかりとした主張がありましたから、私が納得すれば、メニューを変えることもありました。

榎木 私も基本的なことは同じで、自立した考えを大切にしています。でも、学生なので知識や経験が乏しい部分がある。だからこそ、コミュニケーションをとり、選手のことをよく理解して、目標設定をしっかり決めるようにしています。個人の目標でも監督と選手が同じ目線で進めないとうまく育っていきません。

渡辺 榎木くんが選手時代に箱根を

東京五輪男子マラソンで日本勢9年ぶりの入賞となる6位に輝いた大迫傑選手（2021年8月 札幌）

早稲田大学が箱根駅伝で総合優勝。大手町のゴール付近で選手たちと喜び合う渡辺監督（2011年1月3日）

走った経験と、実業団という高いレベルでの指導経験がすべて活かされているように感じます。それと、創価大学の場合、前任の瀬上雄然さん（現・総監督）の下地も大きかったですね。トップレベルの選手はいなくても、粒揃いのいい選手たちがいて、榎木くんの指導と彼らがうまくハマったのではないでしょうか。いまの学生は昔のような上意下達では合わないんですよ。榎木くんが言われたように、選手と同じ目線で話し、横並びで指導していかないと。

――指導するうえで現役時代とのギャップは感じていますか？

渡辺　昔と現在で何が違うのかといえば、昔は監督やコーチには逆らえなかったということじゃないでしょうか（笑）。私の経験上、突き抜けて強くなる選手は、いい意味で主張が強い。他チームの監督さんもみんな言いますね。どういう練習をするのかなどについて、よく議論します。

――早稲田大学時代でいえば、竹澤健介さんや大迫傑さんですね。

渡辺　あの2人とはよくぶつかりました。練習に対する考え方がストイックなんですよ。この設定では甘いからもっと速くさせてくれ、ということが多かったですね。

――渡辺さん自身は、選手時代にそういうことはなかったんですか？

渡辺　私たちの時代は言われた練習を黙ってやるのが常識でしたからね。でも、選手が主張するのは悪いことではないんです。トップレベルで競技をやれるのは10年ほどですし、人生は一度しかない。だから自分の意見をはっきり言うことは大切です。

榎木　私の大学時代はいまのように指導者が年中いるわけではなくて、週に2～3回のポイント練習しか見てもらえませんでした。ですから、学生だけでどうやって強くなるかを常に考えていました。それが自分たちには合っていたのだと思います。

――選手のモチベーションを高めるために、どんな工夫をされていますか？

渡辺　とにかく気持ちよく練習をさせてあげたいと思っています。きつい練習のときは雰囲気も重くなりがちですけど、「このメニューをこなせたら、いまの自分よりさらに強くなれるんだよ」ということを選手たちに

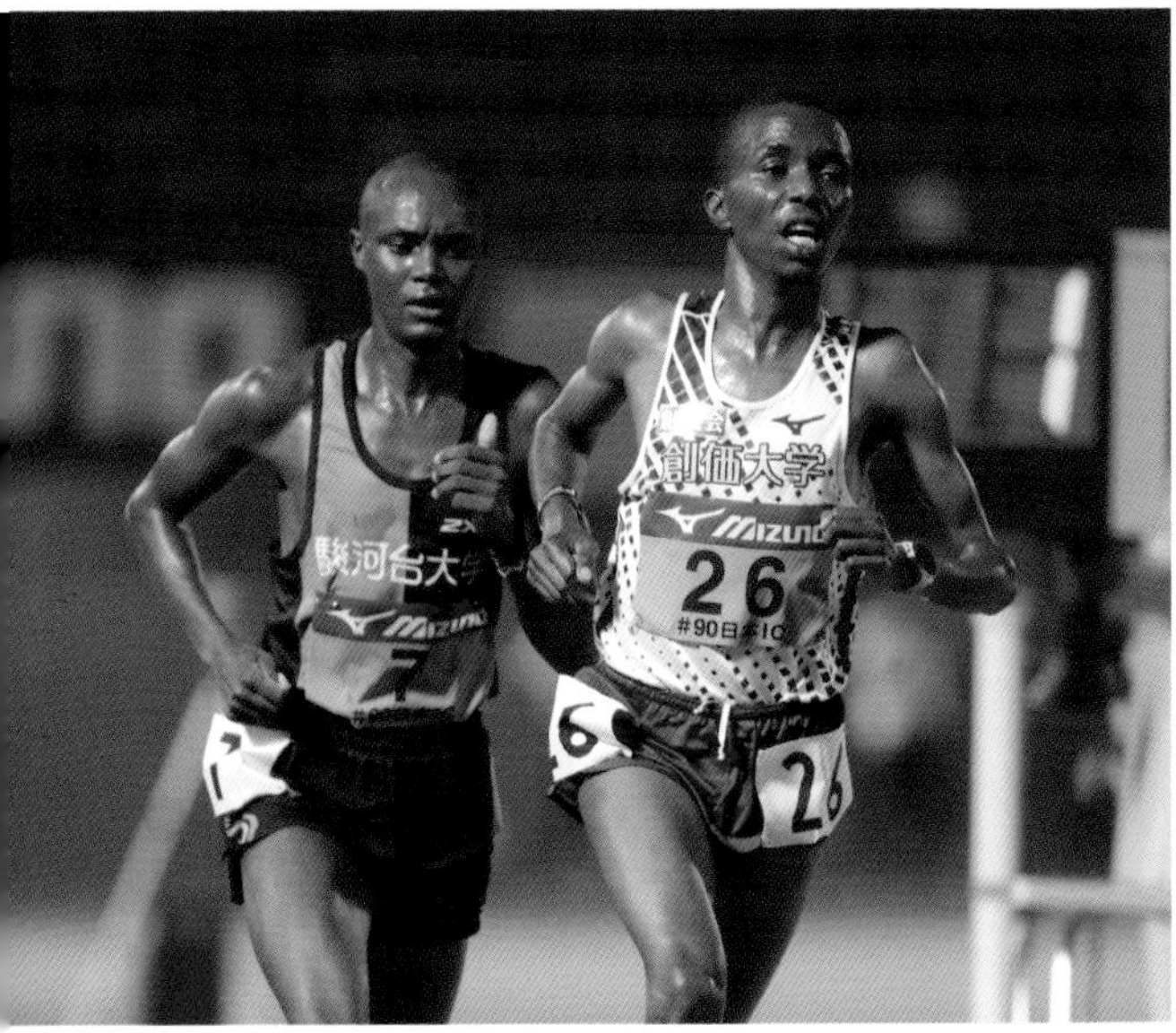

提示するようにしています。箱根駅伝で運営管理車から声をかけるときも、ネガティブな言葉ではなく、ポジティブな気持ちになるような言葉をかけるようにしていました。

榎木　私も選手たちが意欲的に取り組めるような声かけを意識しています。「このメニューができれば、これくらいのタイムが出るんじゃないか」と発信してから練習に入ります。ただし、「ここいちばん」というときには叱咤激励することもあります。いずれにしても常に目標を確認して、それを選手たちと共有してからやるようにしています。

日本インカレ男子10000mで２位入賞を果たした創価大学のフィリップ・ムルワ（2021年9月）

世界と戦うために何をするべきか

――世界と勝負するためには、どんな指導をやっていきたいですか？

渡辺　まずは走ることを嫌いにならないように気をつけないといけません。長距離は練習がきついですし、昔以上にもっとハードなトレーニングをやらないと世界には通用しないと思います。走るのが嫌いになってしまうと、強くなる意識が欠けてしまう。選手たちの「強くなりたい」という欲を消さないような指導が大切です。ただ、口で言うほど、世界で戦うのは簡単ではありません。それを知るために、若いうちに世界大会を経験させたほうがいい。「U20世界選手権」「世界クロカン」「ワールドユニバーシティゲームズ」などですね。自分よりも格上の選手たちと競うことで挫折があると思うんですけど、それを乗り越えるためにきつい練習と友だちになるのです。速いペースの練習や、長い距離を走ることが楽しいと思えるように我々がプロデュースしてあげなきゃいけません。

榎木　創価大学は世界を意識するよりも、まずは大学のなかでどれだけ競えるのか。身内しか知らなかったら強くならないので、「関東インカレ」「日本インカレ」など、他大学の強い選手と競うことや、実業団の合宿に参加させていただくなど、普段自分

たちが見ているものとは違う景色を見ることが大切です。その経験でモチベーションが変わったり、新たな気づきがある。そういうきっかけを与えるのが我々の仕事じゃないでしょうか。その先に世界を目指せる選手が出てくると思っています。

――渡辺さんは、大迫さんや世界トップ選手が所属していた米国の「オレゴン・プロジェクト」の視察にも行かれました。日米の違いがあるとしたら、どのような点でしょうか？

渡辺　大迫くんは「（自分が）米国でやっていることは日本とほとんど変わらない」と話していました。設定ペースが速いことと、格上の選手と走ることができること。トレーニング面での大きな違いは、この2つだけなんです。でもシステムが異なります。日本は実業団に所属しますが、海外はプロになるわけです。走れなかったら、報酬がありません。その差は大きいと思います。

榎木　私は実業団チームの監督もしていましたが、中途半端な考えの選手を実業団に入れてはいけないと実感しています。がんばりきれなくても、よい結果が出せなくても、毎月の給料は入ってくるという現状に甘んじてはいけません。そこに覚悟があるのかが問われます。我々大学の指導者は、実業団で走ることの意味をしっかり理解させたうえで、送り出さなくてはならないと思っています。

渡辺　私が監督を務めるチームの選手たちも全員が正社員です。だから、結果がよくても悪くても給料は変わりません。ですから、私は選手たちに、「ここを出ていくときはプロになれ！」と言っています。そういう意味では、大迫くんのようなやり方は、だれも文句を言わないですし、カッコいいですよね。

――最後に監督として「学生駅伝三冠」を達成した渡辺さんから榎木さんにエールをお願いします。

渡辺　指導がブレないことが大事です。「隣の芝生は青い」とよく言うけど、強いチームはよく見えるんですよ。でも、低迷したとしても常に自分を信じて指導をしていけば、必ず結果が出る。榎木くんのよさをずっと出し続けて、自分を信じてがんばっていってほしいですね。

榎木　ありがとうございます。しっかりと肝に銘じます。

特集

初出場！出雲駅伝

～堂々7位の歴史を刻む～

全日本大学駅伝・箱根駅伝と並ぶ大学三大駅伝のひとつであり、
駅伝シーズンの幕明けを飾る出雲駅伝（出雲全日本大学選抜駅伝競走）が
2021年10月10日に開催され、創価大学が初出場。
真夏のような暑さのなか、出雲路の45.1kmを
6人のランナーが全力で襷をつなぎ、7位と健闘した。

各区間の特徴

4区 6.2km

平田中ノ島 ➡ 鳶巣コミュニティセンター前

選手たちは、自然豊かな北山山系の麓に沿って延びる国道431号を西に進んでいく。レースも中盤から後半にさしかかっていくため、トップを追うチームは少しでも差を縮めたいところだ。

選手名	濱野 将基
区間タイム	19分43秒（区間9位）
通過記録	1時間24分33秒（7位）

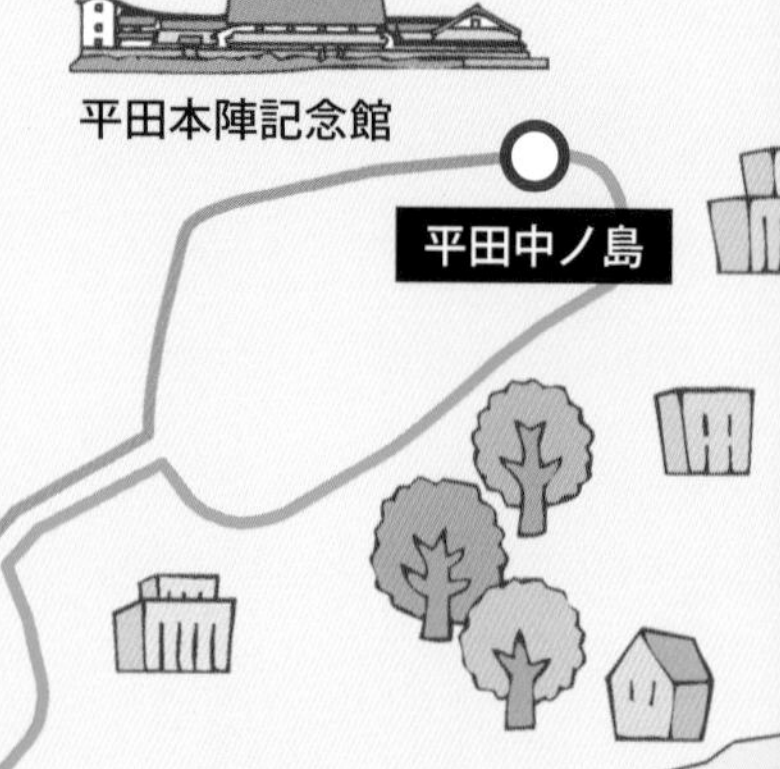

鳶巣コミュニティセンター前

5区 6.4km

鳶巣コミュニティセンター前 ➡ 島根ワイナリー前

波のような細かなアップダウンが選手を苦しめる。最終区は、何度もトップが入れ替わったことがある区間のため、トップから何秒差で襷をつなぐことができるかが重要なポイントになる。

選手名	桑田 大輔
区間タイム	19分53秒（区間7位）
通過記録	1時間44分26秒（7位）

斐川直江

3区 8.5km

斐川直江 ➡ 平田中ノ島

風の強い出雲平野を象徴する田園風景が美しい6区に次ぐ長距離区間。優勝を狙う大学は、この区間で先頭に立つことが必須条件となるため、エース級の選手がエントリーされる。

選手名	フィリップ・ムルワ
区間タイム	時間23分49秒（区間1位）
通過記録	1時間04分50秒（2位）

創価大学記録	順位 7 位	総合タイム 2 時間 15 分 37 秒

出雲駅伝 全コースマップ&

6区 10.2km

島根ワイナリー前 ➡ 出雲ドーム前

古代出雲歴史博物館を過ぎると、舞台は再び出雲大社前の神門通りへ。最後のアップダウンがある浜山公園で、残り約5km。ここからは平坦なコースが続く。大逆転もある最長区間だ。

選手名	嶋津 雄大
区間タイム	時間 31分 11秒（区間9位）
通過記録	2時間 15分 37秒（7位）

島根ワイナリー前

浜山公園

島根ワイナリー

出雲文化伝承館

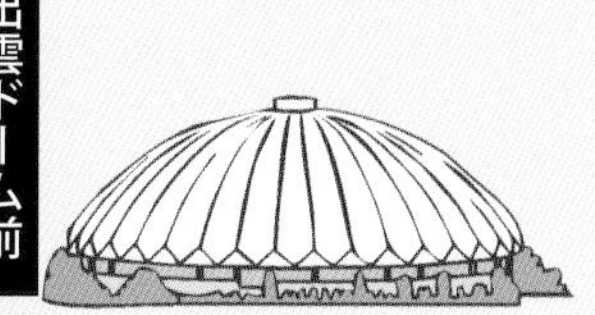

1区 8.0km

出雲大社正面鳥居前 ➡ 出雲市役所・JAしまね前

出雲大社の正面鳥居前から門前町大社のメインストリートを駆け抜けて、大鳥居をくぐると、旧JR大社駅が見えてくる。アップダウンのある浜山公園を過ぎると、最後まで平坦なコースが続く。

選手名	緒方 貴典
区間タイム	24分 07秒（区間11位）
通過記録	24分 07秒（11位）

2区 5.8km

出雲市役所・JAしまね前 ➡ 斐川直江

第1中継所から3km付近の神立橋まではアップダウンがあるが、そこを過ぎると、長く緩やかな下り坂が続く。2区は最も短い区間で、各チームのスピードランナーがしのぎを削る。

選手名	新家 裕太郎
区間タイム	16分 54秒（区間10位）
通過記録	41分 01秒（10位）

出雲駅伝ダイジェスト

赤と青のストライプが目指す「真の強さ」

苦しんだ前半戦を経て 初めての出雲駅伝へ

歓喜、自信、重圧、失意、希望。そのすべてを創価大学駅伝部は今年の1月から9月までに経験した。

2021年の正月は〝独走劇〟で世間を驚かせた。出場4回目にして箱根駅伝は往路初優勝、総合2位。学生ランナーあこがれの舞台でつかんだ歓喜は選手たちの自信になっただけでなく、重圧にもなった。例年以上の躍進が期待された今季は、「三大駅伝で3位以内」という目標を立てたが、自信とプライドが空回りすることになる。

5月の関東インカレ（2部）は一人1種目に出場して、5000㍍・1万㍍・ハーフマラソンの3種目で「5つの入賞」を目標にしていた。しかし、主力選手の出遅れもあり、嶋津雄大（4年）と三上雄太（4年）は2種目に参戦。入賞できたのは1万㍍で2位に入ったフィリップ・ムルワ（3年）だけだった。

6月の全日本大学駅伝関東学連推薦校選考会もチームは精彩を欠いた。1組の濱野将基（3年）が3着の好スタートを切ったが、2組の山森龍暁（2年）と村田海晟（3年）は26着と30着。さらに3組の新家裕太郎（3年）は最下位の40着に沈み、最終的にチームは総合14位に終わったのだ。確実視されていた全日本大学駅伝の初出場を逃している。

箱根駅伝3区で好走した葛西潤（3年）を故障で欠いた影響があったとはいえ、チームの仕上がりは上々だったという。榎木和貴監督は「実力を発揮できれば十分に通過できる」と読んでいた。永井大育（4年）、小野寺勇樹（4年）という箱根経験者がメンバーから外れたが、調子のよかった選手を起用した結果だった。3組でブレーキとなった新家は嶋津や三上と同等の練習ができていたものの、力をまったく発揮することができなかった。

しかし、負の空気を夏合宿で払拭する。月間走行距離で「900キロ㍍」を目標に走り込むと、9月の日本インカレで〝希望〟の走りを見せた。

ケニア人留学生が6人参戦した1万㍍は、ムルワが駿河台大学のジェームズ・ブヌカ（4年）と抜け出すと、嶋津が日本人トップ集団でレースを進める。ムルワはラスト1周の勝負に敗れたが、28分0秒36で2位。嶋津は最後まで日本人トップ争いを演じて、関西学院大学・上田颯汰（3年）に次ぐ、28分53秒52の6位でゴールに駆け込んだ。さらに5000㍍では新家が14分8秒92で8位入賞を果たしたのだ。

そしてチームは10月の出雲駅伝に向かった。同大会は前回も出場権を得ていたが、新型コロナウイルス感染防止の観点から中止になった。そのため、21年が初出場になる。

大会前日のプレスインタビューでは、箱根駅伝でおなじみの指揮官たちが顔を揃えた。駒澤大学・大八木弘明監督、東洋大学・酒井俊幸監督、青山学院大学・原晋監督、國學院大学・前田康弘監督、東京国際大学・大志田秀次監督。そして創価大学の榎木監督だ。

今大会の優勝候補は昨季の全日本と箱根を制した駒澤大学だった。しかし、日本選手権1万㍍3位の鈴木芽吹（2年）が欠場。〝優勝ライン〟は下がることが予想されており、「駅伝三冠」を狙う青山学院大学、早稲田大学、それに初出場の東京国際大学にもチャンスがあると見られてい

取材・文／酒井政人（スポーツライター）

た。一方の創価大学は「3位以内」という目標を掲げていた。

「2年分の思いを持って、明日の出雲駅伝に臨みたい。新しい戦力を積極的に試して、初出場らしい走りをしたいと思います。下馬評は高くありませんが、チーム目標は3位以内です。箱根同様にどこまで勝負できるのか。積極的な走りをしてチャレンジしていきたい。全日本を逃した悔しさを箱根にぶつけられるように、出雲駅伝をステップにがんばりたいと思っています」

今回は主将・三上らを外した一方で学生駅伝未経験の選手を3人起用。榎木監督の言葉には〝攻めのレース〟をするとの決意があふれていた。

神在月のスピード決戦は タフなレースになった

学生三大駅伝の初戦となる出雲は6区間45・1キロ㍍で争われる。全日本（8区間106・8キロ㍍）、箱根（10区間217・1キロ㍍）と比べて1区間あたりの距離が短く「スピード駅伝」と呼ばれている。しかし、今回は例年と少し様子が異なっていた。

スタート時の天候は晴れ、気温30・5度、湿度47㌫。季節外れの強い日差しがランナーたちに容赦なく照りつける。10月10日の12時5分、神在月の決戦が始まった。

1区は8・0キロ㍍のロング区間。出雲大社を背にして各チームのエース級が並ぶ。20人のランナーが神門通りを勢いよく下って、2年ぶりの出雲駅伝がスタートした。

最初の1キロ㍍は2分48秒と快調だったが、その後は集団のペースが上がらない。創価大学は初の学生駅伝出場となる緒方貴典（3年）がトップ集団前方でレースを進めると、6キロ㍍過ぎには集団を引っ張った。しかし、残り1キロ㍍を切り、スパート合戦になると一気に引き離される。トップ中継した青山学院大学・近藤幸太郎（3年）から26秒遅れの11位で襷をつないだ。

出雲大社正面鳥居前を勢いよくスタートした１区の緒方貴典（写真中央）

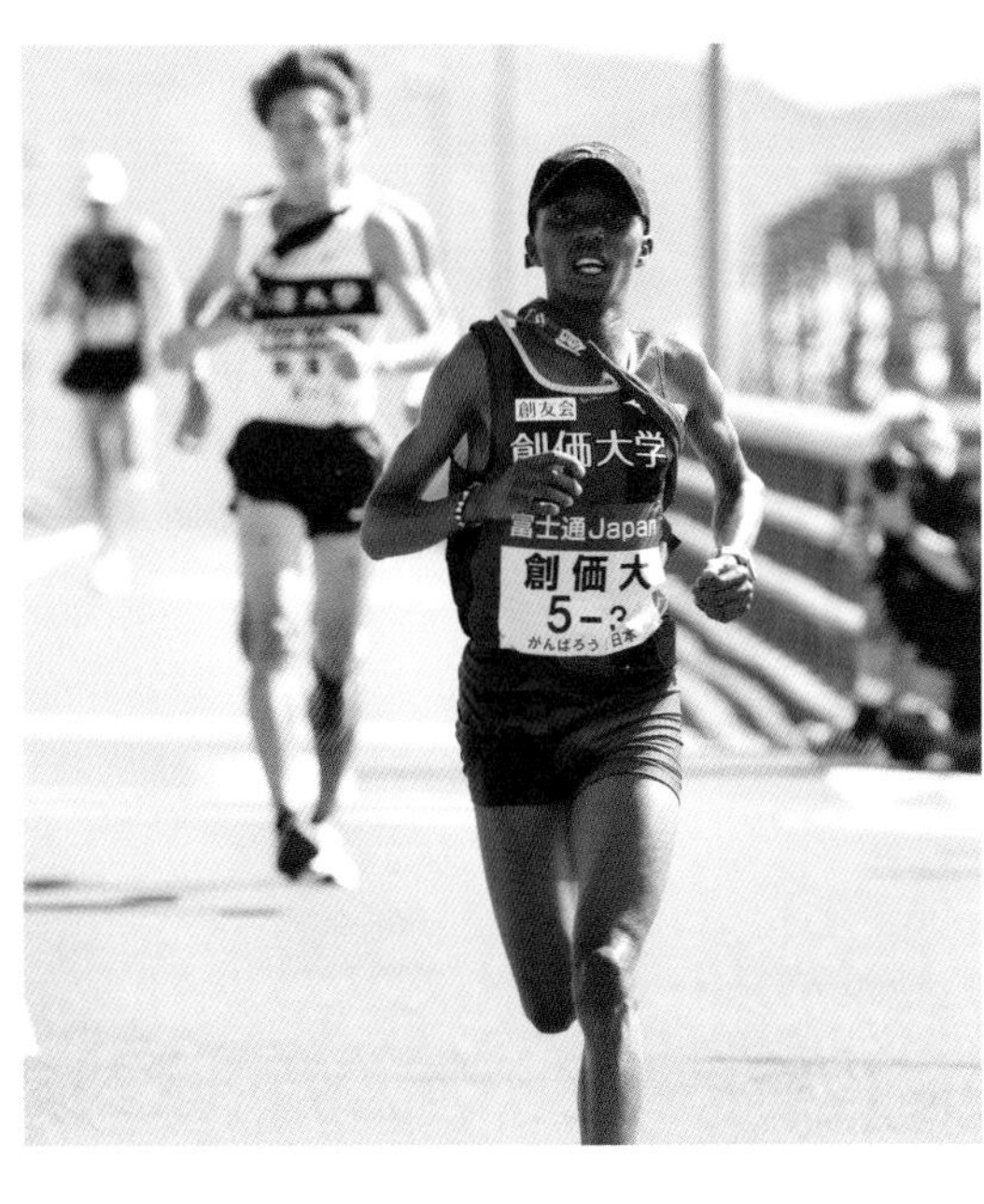

3区で８人をごぼう抜きし、圧倒的な走りを見せたムルワ ©創価大学

「中学、高校を通して初めての全国大会になりましたが、過度な緊張感なくスタートラインに立つことができました。しっかりと練習を積めていた点はよかったかなと思います。ただ残り1キロ㍍で先頭と26秒という大差になってしまい、ラストの切り替えが課題だと痛感しました」

緒方にとっては不満の残る内容になったが、1区はトップから30秒以内での中継を目指しており、想定内の滑り出しとなった。

続く2区は5・8キロ㍍。日本インカレ5000㍍で強豪校のエース級を抑えて入賞を果たした新家裕太郎（3年）にとっては持ち味を生かせる区間のはずだった。4秒先にスタートした帝京大学・遠藤大地（4年）は箱根駅伝3区で日本人最高記録を保持する実力者。新家は遠藤を目指して突っ込んだが、終盤は暑さもあり、失速する。立命館大学をかわして10位に浮上するも、帝京大学との差は34秒に広がっていた。

「もともと1区を走る予定でしたが、志願して2区に行かせてもらいました。それなのに区間10位は悔しい結果です。帝京大学を意識したこともあり、前半突っ込んで入ってしまい、終盤は落ちてしまった。駅伝の経験が足りないことを実感しました」

3区は2番目に長い8・5キロ㍍。レース中盤のエース区間だ。前のランナーが200㍍も先にいるという状況だったが、フィリップ・ムルワ（3年）は快調に飛ばした。トップ集団は國學院大学、順天堂大学、東京国際大学、早稲田大学、青山学院大学の5校。そのなかで抜け出したのが、東京国際大学・丹所健（3年）だった。2キロ㍍過ぎで首位を奪うと、そのままトップを突き抜ける。区間3位の青山学院大学・佐藤一世（2年）に32秒差をつける快走を披露した。

一方のムルワは1キロ㍍を2分39秒で突っ込むと、中間点は区間記録を上回るハイペースで通過した。東海大学、東洋大学、帝京大学、駒澤大学、順天堂大学をかわして順位を上げていく。さらに國學院大学、早稲田大学、青山学院大学を抜き去り、2位に躍り出た。

ムルワはトップに立つことはできなかったが、丹所を23秒も上回る圧倒的な区間賞を獲得。インタビューにも日本語で堂々と答えた。

「こんにちは、お疲れさまでした。出雲駅伝は初めてでしたけど、楽しかったです。今日はめちゃ暑かった。ターゲットタイムの23分46秒（区間記録）を目指して走りました。4区、5区、6区の選手はがんばってください。グッドラック！　ファイト！」

区間新記録に3秒届かなかったムルワだが、チームを目標の「3位以内」に押し上げることに成功。目標達成を後半区間の選手たちに託した。

2位に浮上しながら後半区間で苦戦する

4区は6・2キロ㍍。濱野将基（3年）は序盤から苦しそうな表情を浮かべて、ペースが上がらない。青山学院大学、早稲田大学、國學院大學、帝京大学、東洋大学に抜かれて、7位で襷をつないだ。

「青山学院大学、早稲田大学の選手をうまく使って、終盤に切り替えようと思ったんですけど、最初から動きませんでした。追いつかれた後も対応できず、自分の力のなさを感じました。とにかく粘ろうと走ったんですけど……」

濱野の失速は次の区間に影響してもおかしくなかった。5区は6・4キロ㍍。前の東洋大学とは11秒差、後ろの駒澤大学とは22秒差という難しい状況で、桑田大輔（2年）が走り出した。夏合宿ではチームトップクラスの走行距離を踏み、自信をつかんでいた桑田は鳥取県・八頭高校出身。学生駅伝初出場ながら準地元を好走する。

「地元を走れたことがうれしかった。いままでやってきた成果を出せれば結果はついてくると思っていました。もう少し前の順位を想定していたんですけど、気持ち的には楽になった部分がありました。前は4チームが集団で走っていたので、追いつくのは難しい。落ちてくる選手を1人でも拾おうと思いながら走りました」

桑田は区間7位と健闘。13秒前にスタートした帝京大学に4秒差まで接近した。

最終6区は最長10・2キロ㍍のエース区間。過去2回の箱根駅伝でドラマを作ってきた男が苦戦を強いられる。志願してアンカーに入った嶋津雄大（4年）は帝京大学をかわすが、苦手な暑さに体力を削られていく。7・1キロ㍍で駒澤大学・田澤廉（3年）に追いつかれた。

「今回は初めて〝抜かれる〟という

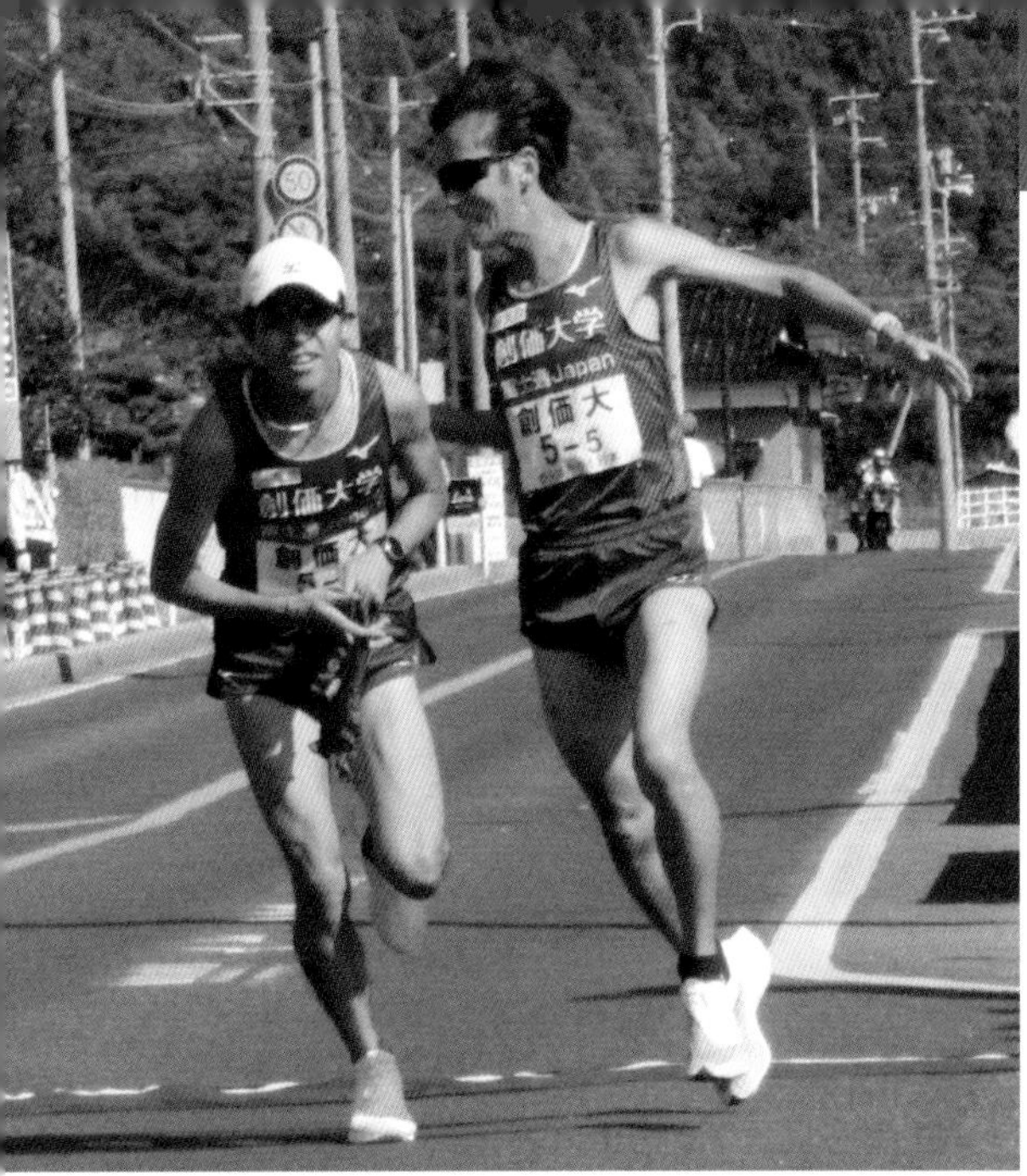

5区の桑田大輔(右)から6区のアンカー・嶋津雄大(左)へと襷が渡る ©出雲全日本大学選抜駅伝競走組織委員会

経験をしました。田澤選手が背後からきたときは、『これが日本トップクラスの走りなのか』と感じました。でも、やすやすと抜かれてたまるか、という気持ちで食らいつきました」

嶋津はしばらく抵抗するも1万㍍で日本人学生歴代2位の27分39秒21を持つ田澤に引き離されていく。それでも暑さのなか、懸命に駆け抜け、最後は胸を突き出すようにして、7位でゴールした。

「チームの目標である3位以内は逃しましたが、みんながつないでくれた襷をゴールまで持ってこられてよかった。初出場での7位入賞だし、悪条件のなかでも自分の最大限は出せたのかなと思っています」

チームは苦しい前半戦を過ごしてきただけに、嶋津自身は〝好感触〟をつかんだのかもしれない。

レース後、榎木監督は、「目標としていた3位には届きませんでした。今日はムルワが区間賞を取ってくれ、桑田も健闘しましたが、チームとしてはまだまだ課題が残る走りになったと思います。箱根駅伝を上位で戦うためにはもっと力強さが必要です。それには練習しかありません。箱根まで3カ月近くあるので、しっかりと強化していき、創価大学の強かったときのレースを再現できるようにしていきたい」と挨拶した。

課題も見えた 7位という結果

21年の出雲駅伝を制したのは東京国際大学だった。

3区・丹所健（3年）でトップに立つと、そのまま独走。最後はイェゴン・ヴィンセント（3年）が後続に2分近い大差をつけて完勝した。第1回大会を除いて、初出場での初優勝は史上初の快挙だった。

振り返ると、箱根駅伝に初出場したのは創価大学が1年先だった。東京国際大学駅伝部の合宿所の掲示板には、創価大学が予選会を初めて突破したときのスポーツ紙が1年間貼られていた。

両校が初めて箱根駅伝のシード権を獲得したのは20年大会。翌年、創価大学が往路優勝を飾り、今回の出雲駅伝で東京国際大学が初栄冠に輝いた。東京国際大学の大志田秀次監督は、創価大学の榎木監督にとって中央大学時代の恩師に当たる。東京国際大学の活躍は創価大学にとって大きな刺激になったことだろう。

　榎木監督は、「7位という結果には満足していません。東京国際大学も同じですけど、初出場を楽しんでもらいたいという気持ちでいたんです。でも、それができた選手と、萎縮してしまった選手で差が出てしまった」と話す。

　創価大学は1区・緒方貴典（3年）、2区・新家裕太郎（3年）、5区・桑田大輔（2年）が学生駅伝初出場。そのなかで緒方と新家は実力を発揮できずに、苦しいレースになった。

「1区の緒方はラスト1キロ㍍で26秒も引き離された。まだ余裕があったので、あと10秒ぐらいは食い止められたのかなという気がします。2区の新家は区間上位で走れる力はあったので、20秒よくなかった。30秒速く3区のムルワに渡すことができれば、トップの東京国際大学に並ぶことができたのではないでしょうか。2番、3番は狙えたレースだったと思うと、悔しいですね」

　4区で悔しい走りとなった濱野将基（3年）も「箱根でリベンジしたい。前回は上級生がいい流れを作ってくれて、自分はつなぐだけでした。今回は上級生として自分がいい流れと貯金を作れるように意識していきたいと思います」と箱根への意気込みを語った。

　榎木監督が出雲5区の走りを評価した桑田大輔（2年）は、「箱根に向けて2年生全体でがんばろうと話しています。往路を狙っていかないと復路は走れない。そういう気持ちで練習をしっかりやっていきたいと思います」と話す。

　そして出雲では唯一の4年生メンバーとなった嶋津も「箱根までまだ3カ月近くある。チーム全体で盛り上げていき、箱根駅伝は3位以内を目指します」と力強く語った。

　出雲駅伝の開催中には15人ほどの

ゴールした嶋津雄大をチームメイトが迎える

選手が長野・菅平高原で合宿を行った。そのなかには左足底を痛めて出遅れていた葛西潤（3年）の姿もあった。チームの浮上を握る男は〝復活〟に向けて調子を上げている。

箱根に向けて さらなる強化を

出雲駅伝の3日後、創価大学の選手たちは早稲田大学競技会の1万㍍に出場。三上雄太（4年）が29分3秒20、永井大育（4年）が29分27秒26、石井大揮（2年）が29分28秒98。松田爽汰（3年）、横山魁哉（3年）、溝口泰良（2年）の3人も29分35秒台で走るなど、7人が自己ベストをマークした。ほかにも2年生の山森龍暁、1年生の小暮栄輝、吉田凌らが力をつけており、箱根駅伝の登録メンバー（16人）をかけた争いが激しくなっている。それでも榎木監督のチームに対する評価は厳しい。

「駅伝は流れを作り、どう維持していくのかが勝負。出雲ではせっかくいい流れを作りながら、それを生かすことができませんでした。今季の課題にしている『強さ』がまだまだ足りません。このままでは箱根駅伝のシード権獲得も危ういと思っています。あくまでも目標は『3位以内』に置いています。昨年と違うのは、2番を取ったうえで『3位以内』を目指していること。2番のチームだという驕りが少しでもあってはいけない。しぶとく上を目指してチャレンジしていきたいです」

次なる勝負は22年正月の箱根駅伝だ。前回、総合2位に輝いたチームは最終決戦までにどんな進化を遂げるのか。強烈な〝ストライプインパクト〟を残すべく、創価大学の挑戦はこれからも続く――。

2021年出雲駅伝順位

順位	大学名	総合記録
1	東京国際大学	2時間12分10秒
2	青山学院大学	2時間14分07秒
3	東洋大学	2時間14分13秒
4	國學院大学	2時間14分17秒
5	駒澤大学	2時間14分53秒
6	早稲田大学	2時間15分00秒
7	創価大学	2時間15分37秒
8	帝京大学	2時間16分24秒
9	東海大学	2時間16分53秒
10	順天堂大学	2時間17分17秒
11	立命館大学	2時間20分14秒
12	大阪経済大学	2時間21分48秒
13	関西学院大学	2時間22分26秒
14	皇學館大学	2時間23分07秒
15	北信越学連選抜	2時間23分58秒
16	広島経済大学	2時間24分36秒
17	札幌学院大学	2時間25分36秒
18	東北学連選抜	2時間25分50秒
19	北海道大学	2時間27分52秒
20	日本文理大学	2時間30分42秒

 月刊「潮」2021年12月号に掲載した記事に加筆・修正・再構成しました

セルフコンディショニングにかける想い

創価大学駅伝部の選手たちは多くの人たちに支えられている。その最も身近な存在がマネージャーであり、スタッフであることは間違いない。そのスタッフの一人が、名門・東洋大学駅伝部でキャプテンを務め、その後、旭化成でも活躍した久保田満コーチ（2010年に就任）だ。

「私はセルフコンディショニングの大切さを重くとらえています。自分の身体の状態を把握しておかないと故障につながるからです。張っている筋肉があれば、自分でストレッチやマッサージをする。そうしたケアによって思い通りの走りができるようになることを選手たちに知ってほしいと思っています」

久保田コーチによると、とくにセルフコンディショニングをしてほしいのは、前腿、後腿、臀部、腰の4カ所。いわゆる大きい筋肉だ。

「小さい筋肉のふくらはぎが疲れている選手はほぼ、太腿や臀部が固まっていることが原因です。大きい筋肉の疲労は小さい筋肉に比べると気づきにくい。盲点になっているので、ケガをすると治りづらいのです」

久保田コーチがセルフコンディショニングにこだわるのは、3つの苦い経験があるからだという。1つ目は東洋大学時代、シンスプリント（脛骨のまわりにある骨膜の炎症）のため、出場が決まっていた出雲駅伝のレギュラーから外れたこと。2つ目は、旭化成入社1年目に高いモチベーションでトレーニングを積むも結果が出ず、故障が相次いだことだ。

「このとき、同僚から『久保田さんは入社した当初は、お風呂でよくストレッチをやっていましたけど、最近はやっていないですね』と、声をかけられたんです。ハッとしました。モチベーションが空回りして、大切な原点を忘れていました」

そして、3つ目が現役引退の要因となった膝の故障だ。セルフコンディショニングには丁寧に取り組んでいたが、トレーニングの質と量が高まっていくなかで、バランスを崩していたことに気づけなかったという。

「現役時代の経験は、いまでも心残りでしかありません。だから、これからの選手には私と同じ目にはあってほしくない。そんな想いでコーチ就任以来、セルフコンディショニングを強く伝えてきました」

榎木和貴監督が就任してから、月間走行距離の設定が引き上げられ、選手たちに求められるレベルは高くなった。

「選手たちは設定した目標を達成しようと、本当に純粋に取り組んでいます。だからこそ、セルフコンディショニングを怠ってケガをしたり、結果が出ないようなことはあってほしくない。言葉だけでは説得力に欠けるので、自ら選手たちにマッサージもしています」

創大駅伝部は現在、外部トレーナーと契約して選手たちのケアを行うだけでなく、治療器具も充実しており、食事面や栄養面でのサポートも手厚い。

「充実したサポート体制に加えて、選手たちの自己ケアの意識も高まってきました。すべてが噛み合っていることが、強さの要因だと思います」

往路優勝、総合2位は、偶然の結果ではない。一人ひとりの熱い想いが襷のごとくつながっての結果なのである。

選手を温かく見守る久保田満コーチ

KGRR
東京箱根間往復大学駅伝競走
主催 関東学生陸上競技連盟　共催 読売新聞社　特別後援 日本テレビ放送網　後援 報知新聞社

特集

まもなく号砲！
伝統の箱根駅伝

～新たな感動のドラマに期待～

箱根駅伝は、東京・大手町から箱根・芦ノ湖までの
往復路10区間（217.1Km）を走る、新春の風物詩ともいえる駅伝競走だ。
シード校10校と予選を突破した10校に、学生連合を加えた21チームが繰り広げる
感動のドラマからいつも目が離せない。
各区間の特徴から、ランナーたちの〝勝負どころ〟までを知っておこう。

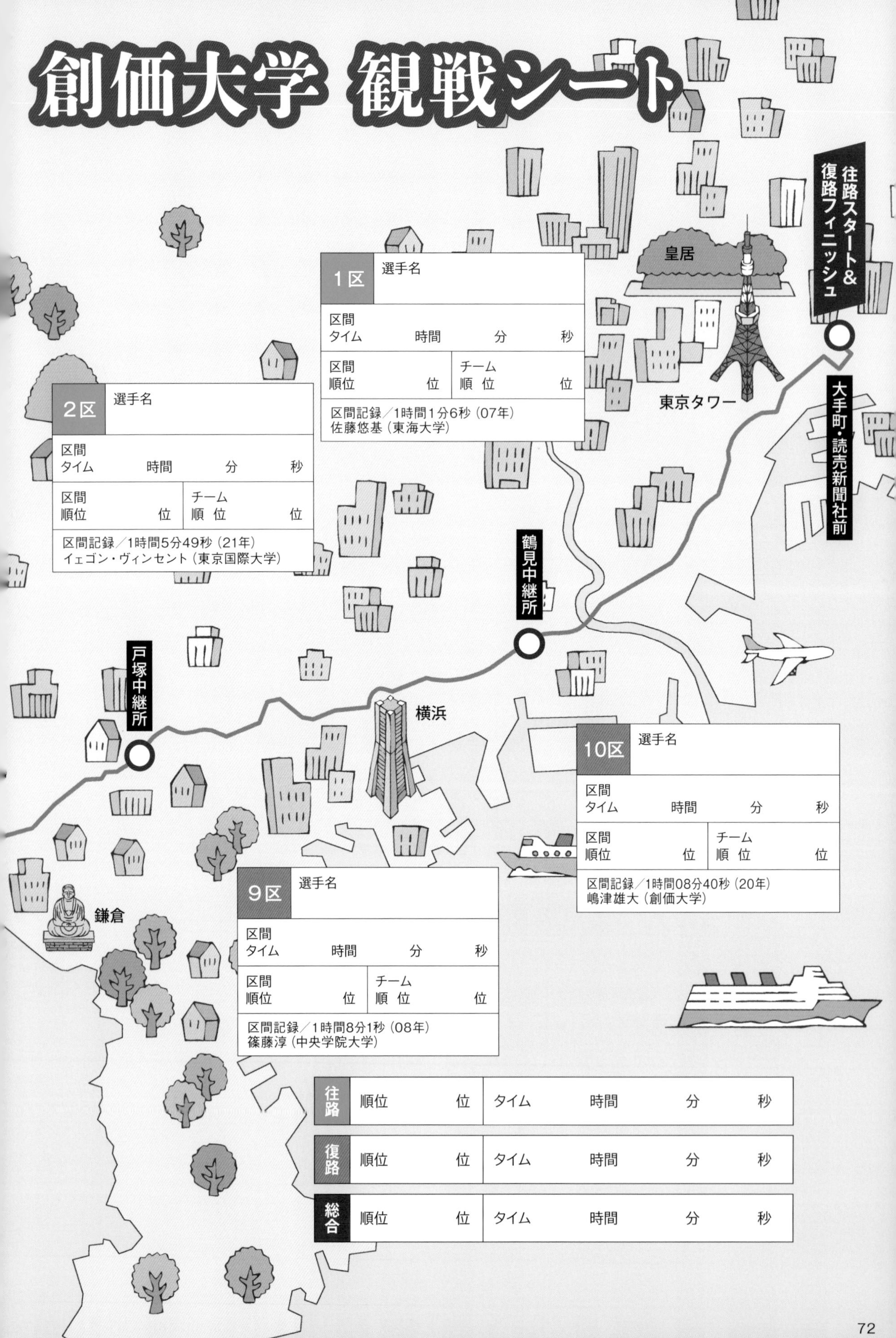

創価大学 観戦シート
往路スタート&復路フィニッシュ
大手町・読売新聞社前
皇居
東京タワー
1区 選手名
区間 タイム 時間 分 秒
区間 順位 位
チーム 順 位 位
区間記録／1時間1分6秒（07年）
佐藤悠基（東海大学）
2区 選手名
区間 タイム 時間 分 秒
区間 順位 位
チーム 順 位 位
区間記録／1時間5分49秒（21年）
イェゴン・ヴィンセント（東京国際大学）
鶴見中継所
戸塚中継所
横浜
10区 選手名
区間 タイム 時間 分 秒
区間 順位 位
チーム 順 位 位
区間記録／1時間08分40秒（20年）
嶋津雄大（創価大学）
鎌倉
9区 選手名
区間 タイム 時間 分 秒
区間 順位 位
チーム 順 位 位
区間記録／1時間8分1秒（08年）
篠藤淳（中央学院大学）
往路 順位 位 タイム 時間 分 秒
復路 順位 位 タイム 時間 分 秒
総合 順位 位 タイム 時間 分 秒

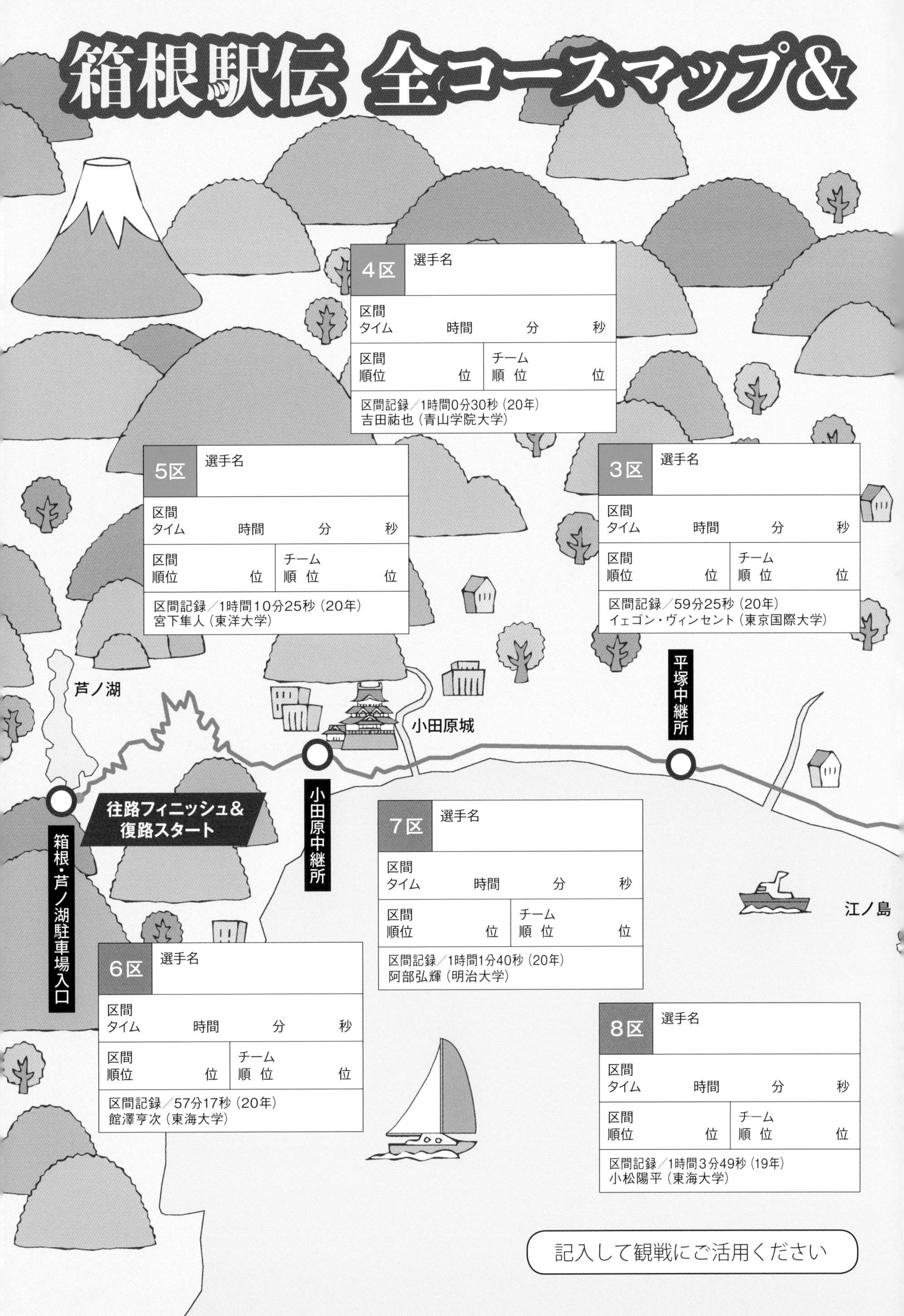

箱根駅伝 全コースマップ&
4区
選手名
区間タイム　時間　分　秒
区間順位　位
チーム順位　位
区間記録／1時間0分30秒（20年）
吉田祐也（青山学院大学）
5区
選手名
区間タイム　時間　分　秒
区間順位　位
チーム順位　位
区間記録／1時間10分25秒（20年）
宮下隼人（東洋大学）
3区
選手名
区間タイム　時間　分　秒
区間順位　位
チーム順位　位
区間記録／59分25秒（20年）
イェゴン・ヴィンセント（東京国際大学）
芦ノ湖
小田原城
平塚中継所
往路フィニッシュ&
復路スタート
箱根・芦ノ湖駐車場入口
小田原中継所
7区
選手名
区間タイム　時間　分　秒
区間順位　位
チーム順位　位
区間記録／1時間1分40秒（20年）
阿部弘輝（明治大学）
江ノ島
6区
選手名
区間タイム　時間　分　秒
区間順位　位
チーム順位　位
区間記録／57分17秒（20年）
館澤亨次（東海大学）
8区
選手名
区間タイム　時間　分　秒
区間順位　位
チーム順位　位
区間記録／1時間3分49秒（19年）
小松陽平（東海大学）
記入して観戦にご活用ください

往路スタート&復路フィニッシュ
大手町・読売新聞社前
皇居
東京タワー
鶴見中継所
戸塚中継所
横浜
鎌倉
1区 21.3km
大手町→鶴見
読売新聞東京本社前を午前8時スタート。全体的には平坦なコースで、起伏は7.8km付近の新八ツ山橋と18km付近の六郷橋くらい。終盤の勝負では六郷橋の上りや下りを使い、スパートを仕掛けることがほとんど。2区にはエースが控えていることもあり、1区は順位よりも、タイム差が重要になる。
2区 23.1km
鶴見→戸塚
歴代のエースが名勝負を繰り広げてきた9区とならぶ最長区間。前半は平坦なコースだが、横浜横須賀道路のガードをくぐる14km付近から約20m上る権太坂があり、ラスト3kmには標高差で約40mある上り坂が待ち構える。1区の出遅れを挽回するごぼう抜きもある、まさにエースの力量が問われる激戦区間だ。
9区 23.1km
戸塚→鶴見
優勝の行方、シード権争いのカギとなる「復路のエース区間」であり、2区とならぶ最長区間。スタートしてすぐに急な下り坂があるため、スピードに乗りやすく、ラストが上りの2区にくらべて走りやすい。また、大混戦の2区とは違い単独走になることが多いため、選手のエントリーにはレースの展望を踏まえた戦略が重要になる。
10区 23.0km
鶴見→大手町
アップダウンは六郷橋と新八ツ山橋ぐらいで走りやすいが、天候によっては急上昇する温度と、ビル風に悩まされることも。6区での一斉スタートから、走行順位と実際の順位が違うこともあり、シード権を争う大学は“見えないライバル”と勝負することになる。何より勝負を決する重圧が大きく、最後まで何が起こるかわからない。

箱根駅伝 各区間の特徴

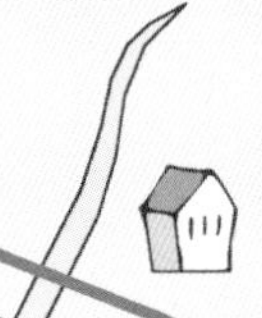

5区 20.8km

小田原 ➡ 箱根

標高約40mから出発。箱根湯本駅の先から本格的な上りが始まり、約13kmにわたり上り坂が続く。コーナーが連続するため、前後の走者を把握するのは難しく、上るにつれて気温も下がってくる。16.3km付近で標高874mの「国道1号線最高地点」に到達。その後は一気に下り、最後の約1kmは緩やかな上り坂だ。

4区 20.9km

平塚 ➡ 小田原

海岸線の大磯駅前歩道橋から再度、国道1号線へ。東海道の松並木を抜けると、12km手前の国府津駅入口までは細かい起伏が続く。後半はいくつもの橋を渡り、終盤では標高差で30m上る厳しいコースだ。さらに山上りの5区に襷を渡すことを考えると、山に不安要素があるチームは好位置を確保しておきたいところだ。

3区 21.4km

戸塚 ➡ 平塚

原宿第一歩道橋の1km付近から浜見山交差点までの約9kmで、約60mの標高差を下る「スピード区間」だ。11.9kmの浜須賀歩道橋を右折して国道134号線に入ると左に相模湾、正面に富士山を望む絶景だが、強い向かい風に苦しめられることも。前半は飛ばしやすいだけに、ペース配分と終盤の走りがポイント。

6区 20.8km

箱根 ➡ 小田原

序盤は上り中心だが、4.5kmの「国道1号線最高地点」から一転して、ダウンヒルコースに。コーナーが連続するため、コース取りが重要で、最短距離をうまく突きながら、スピーディーに走ることが求められる。急坂では1km2分30秒を切るような場面も。そして平坦となるラスト3kmも意外とタイム差がつく。

7区 21.3km

小田原 ➡ 平塚

小刻みなアップダウンがあるものの、コースはそれほど難しくはない。ただ、最も気温差が激しい区間。午前9時前後の小田原中継所は冷え込むことが多く、晴れると海岸線の気温がグンと上がるので注意が必要だ。7区は全10区間のなかで最も走りやすい区間だけに、あえてエース級を配置して、勝負を仕掛けてくる大学もある。

8区 21.4km

平塚 ➡ 戸塚

海岸沿いは平坦な道が続くが、9.5km付近の浜須賀歩道橋を左折すると上り気味のコースに。とくに15.6km地点の遊行寺の坂は、山を除けば箱根駅伝、最大の難所だ。天気のよい日は、正面から日差しが降り注ぎ、暑さにもさらされるため、脱水症状になる選手も。攻略が難しいコースだけに、タイム差がつきやすい区間。

第98回 箱根駅伝の見どころ

2022年1月2・3日に開催される第98回箱根駅伝。関東学生連合を含む全21チームが正月の晴れ舞台で激突する。前回大会で初の往路優勝を成し遂げ、復路も終盤まで独走。総合2位に輝いた創価大学がどんな戦いを見せるのか。

まずは今季の学生ランナーたちの戦いを振り返りたい。トラックシーズンは駅伝王者・駒澤大学が強かった。5月の日本選手権1万㍍で田澤廉（3年）が2位、鈴木芽吹（2年）が3位に入るなど、5000㍍と1万㍍の記録水準は大学のチームとして〝過去最高レベル〟に到達した。

しかし、10月10日の出雲駅伝は東京国際大学が〝初出場・初優勝〟の快挙を達成。2位の青山学院大学を1分57秒も引き離しての独走劇を見せた。優勝候補だった駒澤大学は5位に沈んだが、11月7日の全日本大学駅伝で〝復活〟を遂げる。青山学院大学とのアンカー決戦を制して、連覇を果たしたのだ。

大混戦のレースは前回覇者が優勝候補

正月決戦では前回の優勝メンバーが8人残る駒澤大学が本命になるだろう。エース・田澤廉は1万㍍で日本人学生歴代2位の27分39秒21を持

ち、全日本7区では日本人歴代トップの記録で区間賞。箱根では花の2区でも快走が期待できる。さらに全日本を欠場した鈴木芽吹と唐澤拓海（2年）も復帰予定で、主役が揃うと戦力的に一歩抜けている。

総合力で王者に匹敵するのが、出雲と全日本で2位に入った青山学院大学だ。5000メートルと1万メートルでチーム記録を持つエース・近藤幸太郎（3年）は出雲1区で区間賞、全日本7区でも田澤と18秒差の区間2位と好走した。前々回の箱根では2区を好走した岸本大紀（3年）も復活し、全日本3区で日本人トップを奪っている。選手層が厚く、山に強力な経験者がいるのもポイントが高い。

往路で爆発力のあるランナーを揃えているのが出雲を制した東京国際大学だ。箱根の2区と3区で区間記録を保持するイェゴン・ヴィンセント（3年）と、出雲3区と全日本6区で区間賞を獲得した丹所健（3年）のWエースが超強力。山の途中まではトップをひた走るだろう。

全日本で3位に入った順天堂大学には東京五輪3000メートル障害で7位入賞を果たした三浦龍司（2年）というエースがいる。チームは総合力も高く、ダークホースといえそうだ。

第98回箱根駅伝 出場校一覧（21チーム）

〈 シード校10校 〉

1	駒澤大学	56年連続	56回目
2	創価大学	3年連続	5回目
3	東洋大学	20年連続	80回目
4	青山学院大学	14年連続	27回目
5	東海大学	9年連続	49回目
6	早稲田大学	46年連続	91回目
7	順天堂大学	11年連続	63回目
8	帝京大学	15年連続	23回目
8	國學院大学	6年連続	15回目
10	東京国際大学	5年連続	6回目

〈 予選会上位10校 〉

11	明治大学	4年連続	63回目
12	中央大学	5年連続	95回目
13	日本体育大学	74年連続	74回目
14	山梨学院大学	2年連続	35回目
15	神奈川大学	12年連続	53回目
16	法政大学	7年連続	82回目
17	中央学院大学	2年ぶり	22回目
18	駿河台大学	初出場	
19	専修大学	2年連続	70回目
20	国士舘大学	6年連続	50回目
関東学生連合（オープン参加）			

激戦を制し、全日本大学駅伝で2連覇を果たした駒澤大学。Vサインでフィニッシュする花尾恭輔（2021年11月7日）

 取材・文／酒井政人（スポーツライター）

主力を欠いた出雲駅伝で3位を確保した東洋大学は山男・宮下隼人(4年)と、出雲5区と全日本4区で区間賞を獲得したスーパールーキー・石田洸介(1年)の走りに注目したい。

國學院大学は「2年計画」の最終年を迎えて、戦力が充実している。出雲ではアンカーを任された平林清澄(1年)が熱中症で終盤に失速したが、2位を狙えるレースを見せ、全日本では過去最高となる4位に入っている。

出雲駅伝に初出場・初優勝した東京国際大学。ゴールテープをきるイェゴン・ヴィンセント(2021年10月10日)

早稲田大学は前回6位のメンバーが9人残っている。出雲と全日本は主力の欠場が響き、6位に終わったが、全日本では5区で首位に立った。中谷雄飛(4年)、太田直希(4年)、井川龍人(3年)の1万㍍27分台トリオを軸に攻撃的なオーダーを組んできそうだ。

予選会校のなかで上位進出を狙えるのは明治大学と中央大学だろう。明治大学は予選会で2位以下を4分以上も引き離してトップで通過。全日本でも7位に入っている。中央大学は9年ぶりに出場した全日本で8位に食い込み、箱根では10年ぶりのシード権に挑戦する。

ほかにも前回5位の東海大学や、箱根5区で区間賞の細谷翔馬(4年)がいる帝京大学は上位を狙える戦力がある。さらに日本体育大学、神奈川大学、法政大学、中央学院大学も戦い方次第ではシード権争いに絡むことができるだろう。

またケニア人留学生を擁する山梨学院大学、国士館大学、駿河台大学、専修大学は往路を沸かす可能性を秘めている。

総合力を集結させて 3位以内を目指す創価大学

創価大学は前回〝サプライズ〟を演じたメンバーが7人も残っている。「3位以内」を目指した出雲駅伝は7位に終わったが、新戦力も台頭。総合力を集結させれば2年連続のトップスリーが十分に狙える。

フィリップ・ムルワ(3年)は9月の日本インカレ1万㍍で2位、出雲駅伝では3区で区間賞を獲得するなど、昨年度よりも力をつけている。主将・三上雄太(4年)も前回、

5区で区間2位の経験を生かした走りができる。前回4区でトップに立った嶋津雄大（4年）は、日本インカレ1万㍍で6位に入るなどトラックでも存在感を発揮。どの区間を任されても、ドラマチックな激走を見せてくれるだろう。三本柱がしっかりしているだけにスタートダッシュがポイントになる。

そのほか、期待を集めているのが前回3区を快走した葛西潤（3年）だ。今季は左足底を痛めて出遅れているが、本番までにどこまで調子を上げてくるのか。また、緒方貴典（3年）は出雲で1区を務めたが、残り1㌔のスパート合戦についていけず、トップと26秒差の11位。箱根では出雲の悔しさを晴らしたい。

前回6区を好走した濱野将基（3年）も区間上位で走れる実力をつけつつある。ほかにも前回の経験者である永井大育（4年）と小野寺勇樹（4年）、日本インカレ5000㍍で8位入賞を果たした新家裕太郎（3年）、出雲5区を区間7位と好走した桑田大輔（2年）。そして6月の全日本大学駅伝関東地区選考会に出場した横山魁哉（3年）、村田海晟（3年）、山森龍暁（2年）に加え、小暮栄輝、吉田凌ら1年生も力をつけており、10人のレギュラー争いは激化している。

前回のように1区で好位置につけることができれば、往路では再び〝トップ争い〟を演じることができるだろう。選手層も厚くなってきており、復路もうまく流れていきそうだ。

各校ともトラックの記録は昨年度よりも大幅に向上しているが、チームに迷いはない。

榎木和貴監督は、「本番に向けて、ハーフのトライアルなどを組み込みながら、長い距離やロードに対応していきたい。新たにどこまでいけるか。ライバルは自分たちです」と語る。

今回も〝速さ〟ではなく〝強さ〟を求めて仕上げていくつもりだ。チームの目標は「3位以内」。前回の歓喜を自信に変えて、今回も強さを証明する。創価大学は新春の風に乗り再び、箱根路で強烈なインパクトを残すことだろう。

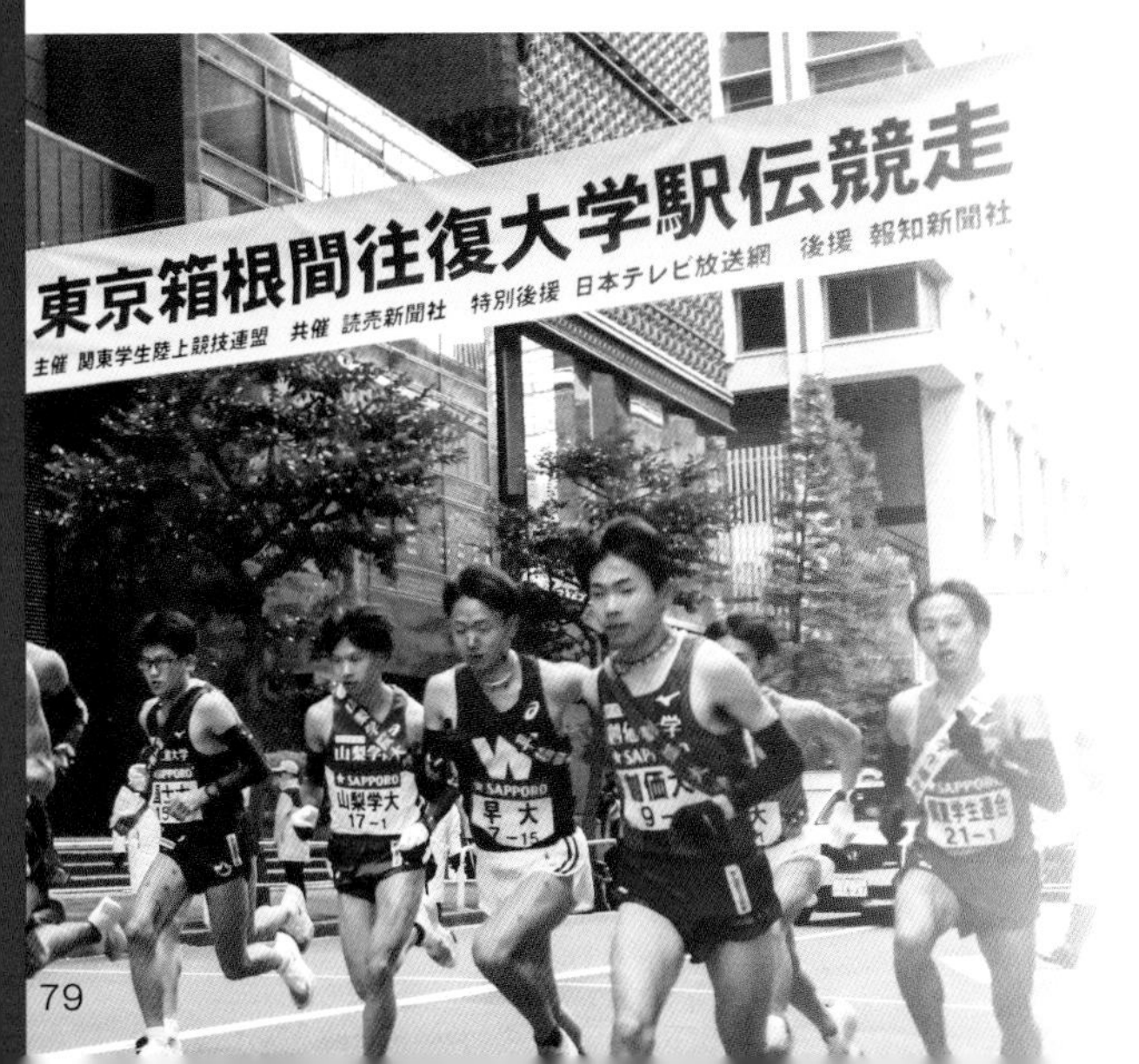

創大駅伝部の活躍が親子の絆を強くする

山口富美子

２０２１年の箱根駅伝で新春の箱根路を颯爽と駆け抜け、堂々の総合2位という大躍進を遂げた創価大学駅伝部。去る10月10日には出雲駅伝に初出場し、7位と大健闘するなど、彼らの勇姿は多くの人たちを魅了した。勝利と栄光を信じ、かつて2人の息子たちを創大駅伝部に送り出した母の想いがいま、希望の花を大きく咲かせている。

創価大学との不思議な縁

福井県で生まれ育った山口富美子さんは、幼いころから母親に「資格を取って自立した女性になりなさい」と言われて育った。短大卒業後、看護師の資格を取得すると、大阪の近畿大学医学部附属病院に就職。26歳のときに結婚した。

夫の転勤に伴い、引っ越しを重ねる中、１９９０年に長男・貴大さんを岡山で出産。その後、和歌山で94年に二男・修平さんが生まれると、めまぐるしく子育てに追われる日々が始まった。そのころに公園で出会った〝ママ友〟とは、生涯の親友となった。

「お互いの子どもたちを連れて一緒に東京に行ったことがあるんです。そのとき、八王子の創価大学に寄りました。私は何もわからず、彼女について行っただけなんですけど、ブロンズ像の銘板に刻まれた『英知を磨くはなんのため』という言葉が印象的だったことを覚えています」

95年、阪神・淡路大震災の直後に転勤で兵庫・芦屋へ。幼い子どもを連れての新生活は大変だったが、それ以上に震災の爪痕が残る街の荒れた様子に心が痛んだ。このころから富美子さんは、東京で目にした創価大学の光景を折々に思い出し、「いつか息子を創大へ」という気持ちが芽生え始めた。

その後、転勤で故郷の福井に移り住むと、富美子さんは小学生の貴大さんを学童保育に、修平さんを保育園に預け、看護師の仕事を再開する。

「夜勤はしませんでしたけど、大変でしたね。いまは働く女性のための子育てサポートも手厚いですけど、あのころは行政も民間も体制が整っていなかったし、夫は単身赴任中。仕事を終えて急いで子どもを迎えに

第91回箱根駅伝予選会を10位で通過。初出場が決定し、喜びに沸く創価大学駅伝部。写真左から２人目が山口修平主将（2014年10月18日　立川・昭和記念公園）

行っても、夜になってしまうこともありました。」

兄弟だけで留守番をさせたこともあったが、心配は尽きなかった。

「家にいると二人でゲームばっかりやっているので、スポーツをさせようと思ってミニバスケット（のチーム）に入れました。修平は嫌がっていましたけど、走ることは好きだったみたいです。お兄ちゃんがバスケットをやっていて、ランニングのときは修平も喜んで一緒に走っていたようです」

貴大さんはバスケットを続けていたが、中学校の駅伝大会でアンカーとして活躍したことをきっかけに陸上の名門・県立鯖江高校に入学した。

「鯖江の陸上部は本当に厳しいチームでした。練習の大変さは言うまでもありませんけど、山﨑芳喜監督（当時）は生活態度についてもすごく厳しかったんです。食事や時間厳守などをビシビシ指導され、息子は歯を食いしばってがんばりました。選手としても人間としても、その環境の中で鍛えられました。これがなかったら、現在の息子たちはありません。監督には心から感謝しています」

こうして力をつけた貴大さんは２００７年の全国高校駅伝（都大路）で４区を走り、大健闘。

「その直後、創大の瀬上雄然監督（当時）が会いにきてくださったんです。それなのに息子は、『国士舘か日体大に行きたい。創大は3番目』と言ったので、私は目の前が真っ暗になりました。なんとしても創大に行ってほしいと思ってましたけど、男の子は口で言うと反発するので、本人の気持ちが変わるのをじっと待ちました」

こうした母の願いが通じ、貴大さんは08年4月、創価大学に入学した。

寡黙な息子の本音

貴大さんの入寮の日、富美子さんは息子たちとともに、福井の自宅から引っ越し荷物を乗せた車を運転して八王子へと向かった。二男の修平さんが瀬上氏と会ったのはこのときが初めてである。

富美子さんが、「この子も陸上をしているんです」と紹介すると、瀬上氏は「そうか！　じゃあ、君も将来、創価大学においで」と当時、中学3年生だった修平さんに呼びかけた。

その後、修平さんも兄と同じ鯖江高校に進学する。陸上部で厳しい練習に耐え抜き、次々と記録を更新。11年の全国高校駅伝では1区を走り、箱根駅伝常連校からスカウトが来るようなエースに成長した。

「修平は寡黙なんです。だから、大学進学に関しても私には何も言いませんでしたけど、お兄ちゃんみたいに〝他大学に行きたい〟なんて言い出したらどうしようかと、私は内心ハラハラしていました」

しかし、修平さんは、「自分が実績も何もないときに、最初に声をかけてくれたのは創大だから」と、他の名門校の誘いを振り切って創価大学を選んだ。

後に、入学の理由を聞かれた修平さんが「母を喜ばせたかったから」と語ったことを知り、富美子さんは涙があふれて仕方なかったという。

「箱根駅伝は国民的行事だから、箱根出場に貢献できる一人になってほしい。創大生として箱根を走ることで大学を宣揚し、創立者に喜んでいただきたいという私の思いを修平に伝えて、送り出しました」

兄・貴大さんの在学中は、箱根

山口富美子　やまぐち・ふみこ

1963年福井県生まれ。正看護師。2人の息子をそれぞれ創価大学駅伝部に送り出す。現在は福井県内の病院に勤務。精神科外来で勤務しながら、コロナワクチンの接種にも奮闘。看護研究や学会にも積極的に参加し、論文やレポートの執筆にも挑戦。地域活動にも奔走し、多忙な日々を送る。福井県福井市在住。

写真／雨宮薫

第91回箱根駅伝で山口修平は1区を快走。15キロ地点（東京・鈴ヶ森から大森海岸に向かう付近）で一時、第一集団から抜け出し、トップを走る息子に、富美子さんは沿道から熱い声援を送った（2015年1月2日）

駅伝の予選を突破することができなかったが、「創価大学の襷をかけて箱根駅伝に出場する」という母の願いは、弟の修平さんに託された。

悲願の箱根駅伝初出場

「必ず俺がチームを箱根に連れて行く」との強い決意を抱いて入学した修平さんは、すぐに頭角を現し、1年次に関東学連選抜（当時）の選手として箱根駅伝に出場した。だが、「チームメイトと一緒に箱根を走りたい」との思いは微動だにしなかった。

ところが、13年秋の箱根駅伝予選会で創大は19位と惨敗。箱根への夢が遠のいたように思えた。そんな中、修平さんは3年生で主将に就任した。

「3年生でチームを引っ張っていくのは本当にきつかったと思います。スランプで悩んでいた時期もあったようです。私は、なんとか修平に使命を果たしてほしいとの思いで、『絶対に負けたらあかん！　何のために走るのか思い出せ！』と心から母としての思いを伝えました」

その後、富美子さんの長年の夢が叶う瞬間がやってくる。

14年10月の箱根駅伝予選会を10位で通過した創価大学は、初めて箱根駅伝本戦への出場権を獲得。迎えた新春の1月2日、修平さんは熱い応援に包まれながら1区を快走し、創大駅伝部の歴史に新たな一歩を刻んだ。

かつて住んでいた和歌山や兵庫などの友人・知人からも、喜びの声が続々と寄せられ、富美子さんはその反響の大きさに驚いたという。

「修平が一生懸命に走る姿が人を元気にしたり、幸せな気持ちにできる。すごい使命だなって、感動しました」

翌年、チームとしての連続出場は及ばなかったが、修平さんは再び、関東学生連合チームで1区を走る。大学生活を有終の美で飾った後は、旭化成の陸上競技部に所属し、21年春まで実業団チームの選手として刻苦精励した。

2人の息子たちが巣立ったいま、富美子さんには新たな夢がある。

「次は、総合優勝です。創大駅伝部の走りでどれだけの人を笑顔にできるか。考えただけですごいですよね。創大駅伝部の活躍が、私と息子の絆を深めているような気がします」

2区 後沢広大▶3区 蟹澤淳平

1区 山口修平

継走の軌跡

7区 江藤光輝▶8区 新村健太

6区 小島一貴

5区 セルナルド祐慈

4区 大山憲明▶
5区 セルナルド祐慈

2015 第91回大会
感動を忘れない

10区 沼口雅彦

9区 彦坂一成

2区 ムソニ・ムイル▶3区 蟹澤淳平

1区 大山憲明

負けじ魂が光る！ 栄光のゴールへ

7区 古場京介▶8区 米満 怜

6区 作田将希

5区 江藤光輝

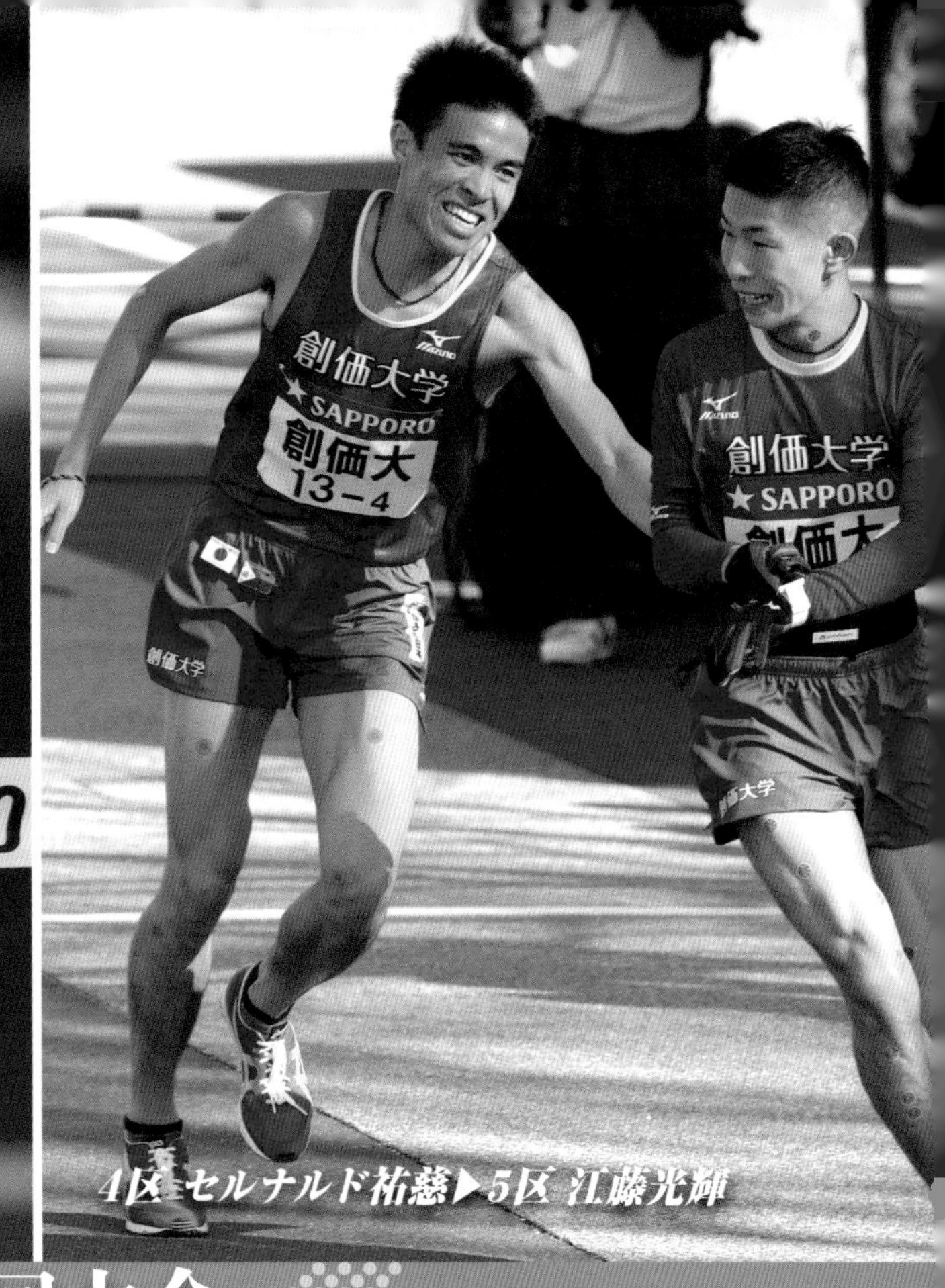

4区 セルナルド祐慈▶5区 江藤光輝

2017 第93回大会

10区 彦坂一成

9区 三澤 匠

創部50年 継走の軌跡

創価大学駅伝部のあゆみ		
1972年	9月	創価大学陸上競技部（駅伝部の前身）が創部
1973年	4月	関東学生陸上競技連盟（関東学連）に加盟
1982年	10月	箱根駅伝予選会に初挑戦
1990年	4月	創価大学陸上競技部にスポーツ推薦制度を導入
2003年	1月	野崎天馬が関東学連選抜（当時）の一員として第79回箱根駅伝に出場し、創価大学初の箱根ランナーとなる［4区］
2005年	1月	竹下友章が関東学連選抜の一員として第81回箱根駅伝に出場［6区］
2008年	4月	創価大学に陸上競技専用の池田記念グラウンドが完成
2010年	1月	尾関誠と福島法明が関東学連選抜の一員として第86回箱根駅伝に出場［3区＝尾関／10区＝福島］
2011年	1月	樋口正明と福島法明が関東学連選抜の一員として第87回箱根駅伝に出場［4区＝樋口／9区＝福島］
2013年	1月	山口修平が関東学連選抜の一員として第89回箱根駅伝に出場［4区］
2014年	10月	箱根駅伝予選会を10位で通過し、本戦への初出場が決定
2015年	1月	第91回箱根駅伝に創価大学として初出場（総合20位）
2016年	1月	山口修平が関東学生連合の一員として第92回箱根駅伝に出場［1区］
	10月	箱根駅伝予選会を3位で通過、本戦出場が決定
2017年	1月	第93回箱根駅伝に2年ぶり2度目の出場（総合12位）
2019年	1月	鈴木大海が関東学生連合の一員として第95回箱根駅伝に出場［3区］
	2月	榎木和貴氏が監督に就任し、新体制でスタート
	10月	箱根駅伝予選会を5位で通過、本戦出場が決定
2020年	1月	第96回箱根駅伝に3年ぶり３度目の出場（総合9位）初のシード権獲得
2021年	1月	第97回箱根駅伝に連続出場し往路優勝（総合2位）
	10月	出雲駅伝に初出場（7位）
2022年	1月	第98回箱根駅伝に出場（予定）

選手・スタッフ紹介

SOKA University　陸上競技部駅伝部

4年

小野寺 勇樹
①経営学部 経営学科
②埼玉県
③埼玉栄高校
④14'05"40(20.11)
⑤29'27"14(19.12)
⑥65'40"(20.2)

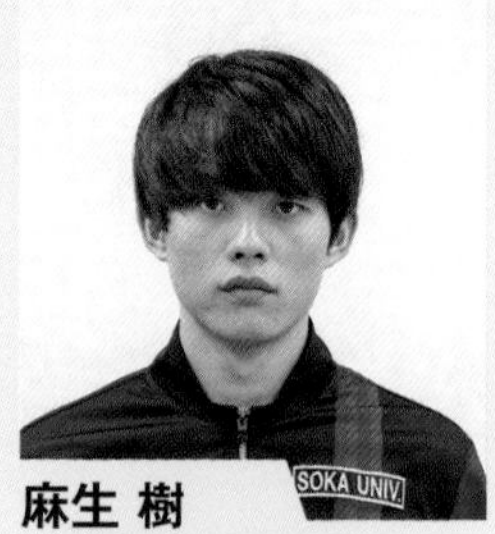

麻生 樹
①経営学部 経営学科
②大分県
③大分東明高校
④14'26"29(19.11)
⑤30'00"13 (19.8)
⑥66'27(20.8)

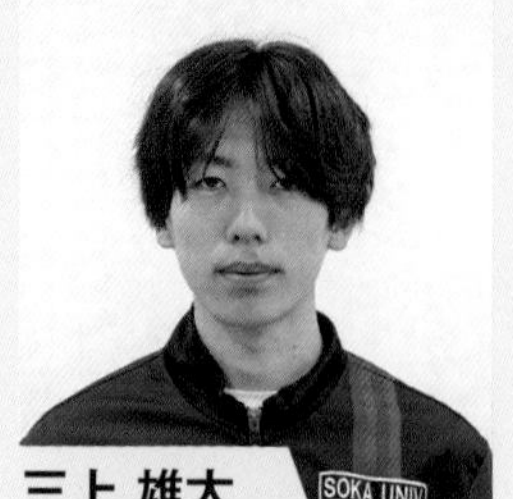

三上 雄太
①文学部 人間学科
②広島県
③遊学館
④14'01"85(20.11)
⑤29'03"20(21.10)
⑥64'21"(20.2)

主将

3年

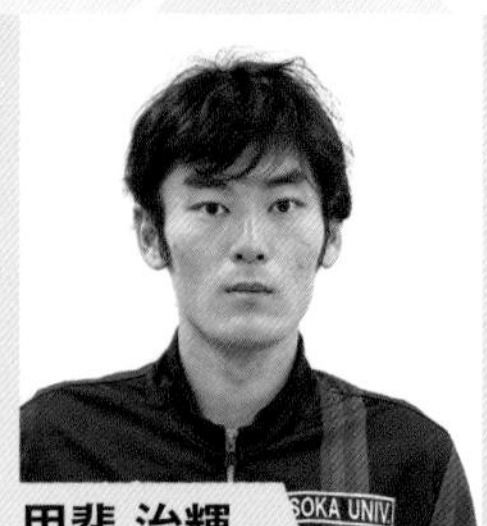

甲斐 治輝
①経済学部 経済学科
②宮崎県
③宮崎日大高校
④14'35"03(19.11)
⑤29'50"80"(20.10)
⑥65'28"(20.1)

学年主任

緒方 貴典
①教育学部 教育学科
②熊本県
③熊本工業高校
④14'14"20(21.9)
⑤30'01"07(21.2)
⑥64'43"(21.3)

副主将

市原 利希也
①経営学部 経営学科
②愛知県
③名古屋経済大学高蔵高校
④14'45"82(20.12)
⑤29'34"56(21.2)
⑥67'05" (21.5)

松田 爽汰
①文学部 人間学科
②滋賀県
③滋賀学園
④14'14"56(21.9)
⑤29'35"23(21.10)
⑥

本田 晃士郎
①経済学部 経済学科
②福岡県
③関西創価高校
④14'26"71(20.11)
⑤29'33"78(20.12)
⑥66'20"(21.3)

フィリップ・ムルワ
①経済学部 経済学科
②ケニア
③キテタボーイズ
④13'30"44(21.7)
⑤27'50"43(20.11)
⑥

西村 拓海
①法学部 法律学科
②高知県
③高知農業高校
④14'39"64 (20.3)
⑤30'45"71 (20.12)
⑥67'20" (20.2)

中武 泰希
①経営学部 経営学科
②神奈川県
③向上高校
④14'16"02 (19.12)
⑤29'26"21 (19.12)
⑥64'48" (20.2)
寮長

永井 大育
①文学部 人間学科
②鹿児島県
③樟南高校
④14'08"04 (20.10)
⑤29'27"26 (21.10)
⑥63'52" (20.2)
副主将

嶋津 雄大
①文学部 人間学科
②東京都
③若葉総合高校
④14'03"65 (19.7)
⑤28'34"40 (21.4)
⑥64'09" (20.2)

濱野 将基
①法学部 法律学科
②神奈川県
③佐久長聖高校
④14'06"76 (18.10)
⑤29'38"02 (21.6)
⑥

新家 裕太郎
①経営学部 経営学科
②大阪府
③大阪高校
④14'02"16 (21.7)
⑤29'15"22 (20.12)
⑥66'04" (20.2)

片岡 渉
①経営学部 経営学科
②大阪府
③大阪高校
④14'18"44 (20.12)
⑤30'21"99 (21.2)
⑥68'45" (21.3)

葛西 潤
①文学部 人間学科
②愛知県
③関西創価高校
④14'06"33 (18.10)
⑤29'32"68 (19.11)
⑥65'03" (19.10)

横山 魁哉
①経済学部 経済学科
②静岡県
③島田高校
④14'02"02 (20.10)
⑤29'35"55 (21.10)
⑥65'24" (20.2)

村田 海晟
①文学部 人間学科
②熊本県
③千原台高校
④14'22"32 (20.11)
⑤29'56"59 (21.2)
⑥68'08" (19.11)

①学部 学科
②出身地
③出身校
④5000mPB
⑤10000mPB
⑥ハーフマラソンPB
※記録の ( ) 内は大会実施年月

※記録は2021年10月25日時点

2年

上杉 祥大
①経営学部 経営学科
②東京都
③東大和高校
④14'19"29(21.6)
⑤31'17"47(19.11)
⑥
学年主任

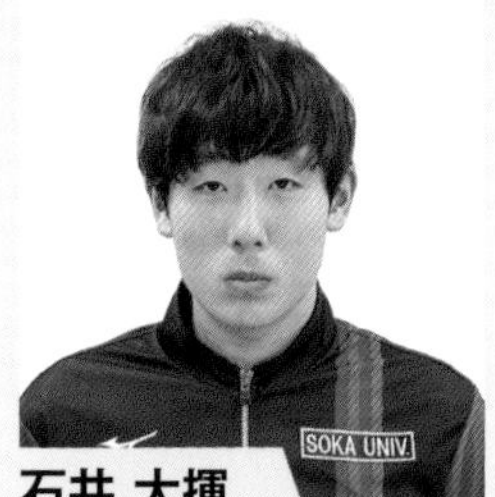

石井 大揮
①経営学部 経営学科
②岡山県
③倉敷高校
④14'12"42(21.7)
⑤29'28"98(21.10)
⑥

有田 伊歩希
①経済学部 経済学科
②大阪府
③大阪高校
④14'39"85(20.12)
⑤30'52"94(21.2)
⑥

望月 遥平
①文学部 人間学科
②静岡県
③御殿場西高校
④14'43"62(20.12)
⑤
⑥

村本 翔
①経済学部 経済学科
②福岡県
③大牟田高校
④14'42"47(20.12)
⑤
⑥

溝口 泰良
①経済学部 経済学科
②長崎県
③創成館高校
④14'44"27(21.4)
⑤29'35"78(21.10)
⑥

1年

小暮 栄輝
①文学部 人間学科
②栃木県
③樹徳高校
④14'25"59(21.7)
⑤30'13"66(20.11)
⑥

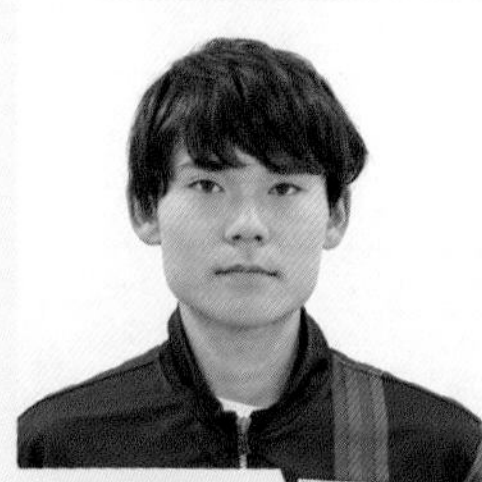

岩本 信弘
①経済学部 経済学科
②熊本県
③九州学院高校
④15'24"18(19.10)
⑤
⑥

安坂 光瑠
①経済学部 経済学科
②長野県
③佐久長聖高校
④14'33"84(21.6)
⑤29'50"35(21.10)
⑥
学年主任

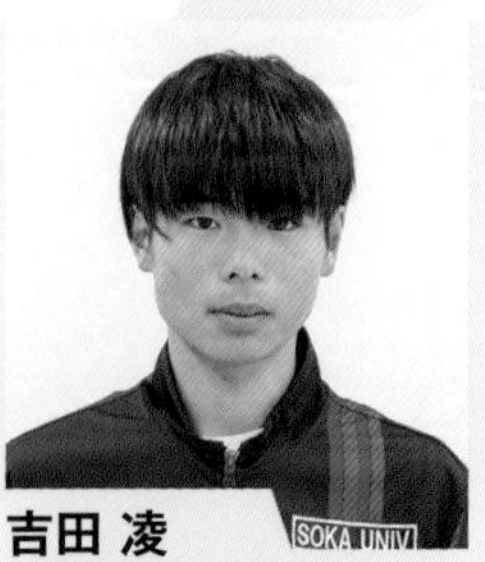

吉田 凌
①経済学部 経済学科
②福島県
③学法石川高校
④14'15"84(20.9)
⑤29'52"13(20.9)
⑥

藤ノ木 丈
①経営学部 経営学科
②新潟県
③十日町高校
④14'21"38(21.7)
⑤
⑥

樋渡 雄太
①経済学部 経済学科
②愛知県
③名経大高蔵高校
④14'56"73(19.12)
⑤
⑥

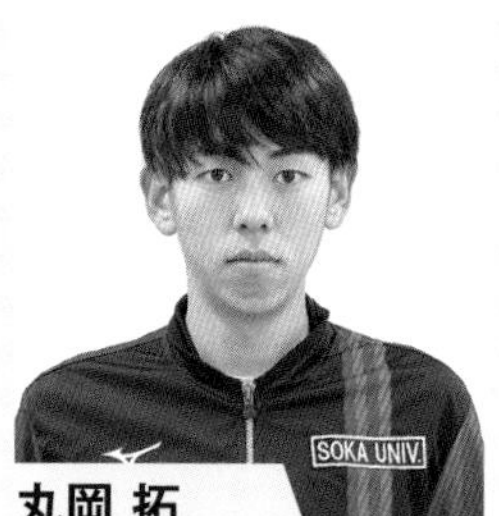

丸岡 拓
①経営学部 経営学科
②神奈川県
③東京実業高校
④14’34"72（21.4）
⑤30’57"46（21.2）
⑥

久光 康太
①経営学部 経営学科
②熊本県
③九州学院高校
④14’54"48（19.4）
⑤
⑥

志村 健太
①文学部 人間学科
②愛知県
③関西創価高校
④14’33"02（21.9）
⑤30’40"72（21.5）
⑥

桑田 大輔
①文学部 人間学科
②鳥取県
③八頭高校
④14’10"66（21.6）
⑤29’16"48（20.11）
⑥73’25"（21.3）

吉田 悠良
①経済学部 経済学科
②宮城県
③利府高校
④14’08"32（20.11）
⑤29’17"48（20.11）
⑥65’49"（21.5）

山森 龍暁
①経営学部 経営学科
②福井県
③鯖江高校
④14’04"36（21.7）
⑤29’21"12（20.11）
⑥63’33"（21.5）

山下 唯心
①経営学部 経営学科
②岐阜県
③斐太高校
④14’13"23（21.7）
⑤
⑥

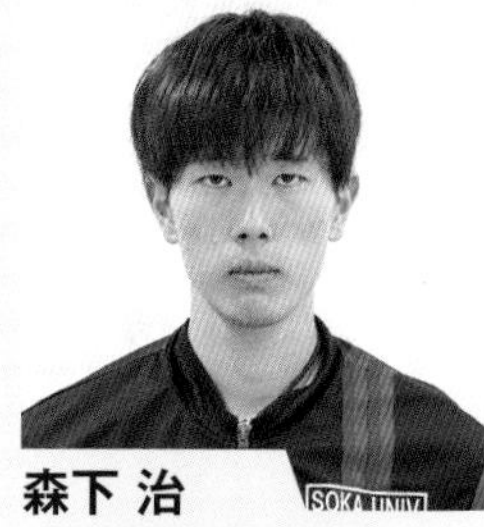

森下 治
①経済学部 経済学科
②鹿児島県
③屋久島高校
④14’27"19（21.6）
⑤29’58"98（20.11）
⑥68’31"（21.3）

濱口 直人
①文学部 人間学科
②神奈川県
③相洋高校
④14’46"55（20.11）
⑤
⑥

野田 崇央
①経営学部 経営学科
②熊本県
③開新高校
④14’21"87（19.12）
⑤29’49"38（21.10）
⑥

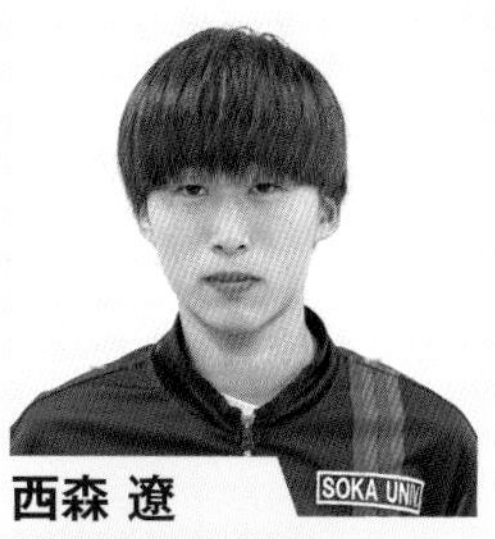

西森 遼
①経済学部 経済学科
②兵庫県
③小豆島中央高校
④14’42"73（20.10）
⑤
⑥

西森 燎
①経済学部 経済学科
②兵庫県
③小豆島中央高校
④14’44"31（19.11）
⑤
⑥

中島 海陽
①経済学部 経済学科
②京都府
③関西創価高校
④14’54"99（20.7）
⑤31’11"97（20.11）
⑥

若狭 凜太郎
①経済学部 経済学科
②石川県
③遊学館高校
④14’38"70（20.11）
⑤
⑥

①学部 学科
②出身地
③出身校
④5000mPB
⑤10000mPB
⑥ハーフマラソンPB
※記録の（）内は大会実施年月

※記録は2021年10月25日時点

マネージャー

①学部 学科　②出身地　③出身校

高木 真弓
①教育学部 児童教育学科 3年
②千葉県
③創価高校

石川 由香
①文学部 人間学科 3年
②埼玉県
③花咲徳栄高校

中村 智哉
①教育学部 教育学科 3年
②京都府
③洛南高校

吉田 正城
①経営学部 経営学科 2年
②京都府
③関西創価高校
主務

諸石 明日花
①文学部 人間学科 1年
②兵庫県
③飛鳥未来高校

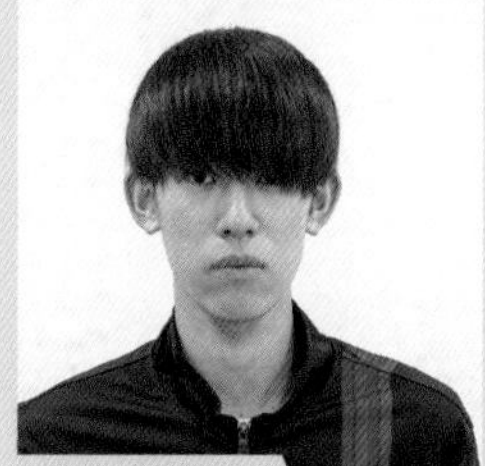

榎木 真央
①経営学部 経営学科 1年
②宮崎県
③宮崎日大高校

清川 咲
①文学部 人間学科 2年
②大阪府
③大阪市立東高校

梶原 優利
①教育学部 教育学科 2年
②兵庫県
③加古川東高校

指導スタッフ

コーチ
久保田 満

監督
榎木 和貴

総監督
瀬上 雄然

部長
篠宮 紀彦

創価大学駅伝部

獅子奮迅 2022カレンダー

1 January

日	月	火	水	木	金	土
						1
2	3	4	5	6	7	8
9	10	11	12	13	14	15
16	17	18	19	20	21	22
23	24	25	26	27	28	29
30	31					

2 February

日	月	火	水	木	金	土
		1	2	3	4	5
6	7	8	9	10	11	12
13	14	15	16	17	18	19
20	21	22	23	24	25	26
27	28					

3 March

日	月	火	水	木	金	土
		1	2	3	4	5
6	7	8	9	10	11	12
13	14	15	16	17	18	19
20	21	22	23	24	25	26
27	28	29	30	31		

4 April

日	月	火	水	木	金	土
					1	2
3	4	5	6	7	8	9
10	11	12	13	14	15	16
17	18	19	20	21	22	23
24	25	26	27	28	29	30

5 May

日	月	火	水	木	金	土
1	2	3	4	5	6	7
8	9	10	11	12	13	14
15	16	17	18	19	20	21
22	23	24	25	26	27	28
29	30	31				

6 June

日	月	火	水	木	金	土
			1	2	3	4
5	6	7	8	9	10	11
12	13	14	15	16	17	18
19	20	21	22	23	24	25
26	27	28	29	30		

創価大学駅伝部

獅子奮迅 2022カレンダー

7 July

日	月	火	水	木	金	土
					1	2
3	4	5	6	7	8	9
10	11	12	13	14	15	16
17	18	19	20	21	22	23
24	25	26	27	28	29	30
31						

8 August

日	月	火	水	木	金	土
	1	2	3	4	5	6
7	8	9	10	11	12	13
14	15	16	17	18	19	20
21	22	23	24	25	26	27
28	29	30	31			

9 September

日	月	火	水	木	金	土
				1	2	3
4	5	6	7	8	9	10
11	12	13	14	15	16	17
18	19	20	21	22	23	24
25	26	27	28	29	30	

10 October

日	月	火	水	木	金	土
						1
2	3	4	5	6	7	8
9	10	11	12	13	14	15
16	17	18	19	20	21	22
23	24	25	26	27	28	29
30	31					

11 November

日	月	火	水	木	金	土
		1	2	3	4	5
6	7	8	9	10	11	12
13	14	15	16	17	18	19
20	21	22	23	24	25	26
27	28	29	30			

12 December

日	月	火	水	木	金	土
				1	2	3
4	5	6	7	8	9	10
11	12	13	14	15	16	17
18	19	20	21	22	23	24
25	26	27	28	29	30	31

2021年12月2日　初版発行

編　者　潮編集部
発行者　南　晋三
発行所　株式会社 潮出版社
〒102-8110 東京都千代田区一番町6　一番町SQUARE
03-3230-0781（編集）　03-3230-0741（営業）
振替口座　00150-5-61090
印刷・製本　中央精版印刷株式会社

ISBN　978-4-267-02312-5
C0075

▶写真・資料提供／制作協力
月刊陸上競技編集部／株式会社 LEOC ／出雲全日本大学選抜駅伝競走組織委員会／創価大学企画広報課／創価大学駅伝部／（株）クリエイティブメッセンジャー／渡部啓太／瀬上滉夢／パンプキン編集部
▶写真撮影　柴田 篤／雨宮 薫　▶イラスト　櫻井通史　▶デザイン　村上ゆみ子
▶編集協力　酒井政人／中野千尋／杉浦五都子　▶編集ディレクション　朝川桂子
▶制作マネジメント　幅 武志

ISBN978-4-267-02312-5
C0075 ¥800E

潮出版社

定価：本体 800円 ＋税

潮出版社